FAO中文出版计划项目丛书

权属治理技术指南9

权属权利记录与首次登记系统创建

联合国粮食及农业组织　编著

薛琳　丁雪纯　译

中国农业出版社
联合国粮食及农业组织
2021·北京

引用格式要求：

粮农组织和中国农业出版社。2021 年。《权属权利记录与首次登记系统创建》（权属治理技术指南 9）。中国北京。

17-CPP2020

本出版物原版为英文，即 *Creating a system to record tenure rights and first registration*，由联合国粮食及农业组织于 2017 年出版。此中文翻译由农业农村部农业生态与资源保护总站安排并对翻译的准确性及质量负全部责任。如有出入，应以英文原版为准。

本信息产品中使用的名称和介绍的材料，并不意味着联合国粮食及农业组织（粮农组织）对任何国家、领地、城市、地区或其当局的法律或发展状况，或对其国界或边界的划分表示任何意见。提及具体的公司或厂商产品，无论是否含有专利，并不意味着这些公司或产品得到粮农组织的认可或推荐，优于未提及的其他类似公司或产品。

本信息产品中陈述的观点是作者的观点，不一定反映粮农组织的观点或政策。

ISBN 978-92-5-134696-9（粮农组织）
ISBN 978-7-109-28362-6（中国农业出版社）

FAO中文出版计划项目丛书

译审委员会

本书译审名单

前 言

FOREWORD

2012 年 5 月 11 日，世界粮食安全委员会审核通过了《国家粮食安全框架下土地、渔业及森林权属负责任治理自愿准则》（以下简称《准则》）。《准则》保障了权属权利的安全性，促进土地、渔业和森林资源的公平获取，旨在为全球和各国消除饥饿和贫困做出贡献。

《准则》的一般原则是首先主张各国承认并尊重所有合法权属权利人及其权利。《准则》呼吁各国采取合理措施来识别、记录和维护合法权属权利人及其权利，无论权利是否被正式记录。记录权属权利（例如通过登记、地籍和许可系统）是识别和维护这些权利的重要方式。

本指南介绍了权属权利的记录，重点关注创建新记录系统和首次登记权利。尽管在世界各地都存在权利记录系统，但在多数情况下，为用户提供使用权利记录系统的相关服务仍为空白。本指南介绍了适合创建新权利记录系统的情况，并对如何首次记录权利提供实质性建议。

本指南随附一本配套指南，配套指南侧重于权属权利记录的另一方面即权属权利记录的改进。

两本指南涉及记录权利的不同方面，因此可独立阅读，并且两者有重叠内容。如同时阅读两本指南，读者可从中获益。

两本指南介绍了权利记录的不同方面，是系列技术指南的一部分。系列技术指南根据《准则》内容就改善权属治理的各个方面提出建议。

致 谢

ACKNOWLEDGEMENTS

本指南由 David Palmer 和 Anthony Lamb 编写，以下人员提供了资料：Gavin Adlington、Safia Aggarwal、Anni Arial、Teaf Dabrundashvili、Fernando de la Puente、David Egiashvili、Victor Endo、Vladimir Evtimov Don Gilmour、Louisa J. M. Jansen、Sonila Jazo、Bengt Kjellson、Odame Larbi、Jonathan Lindsay、John Manthorpe、Robin McLaren、Rebecca Metzner、Sergio Nasarre、Neil Pullar、Cecilie Ravn-Christensen、Eugene Rurangwa、Rumyana Tonchovska、Paul van der Molen 和 Margret Vidar。

初稿校对：Haddis Akbari、Alberto Andrade、Malcolm Childress、Lorenzo Cotula、Peter Dale、Ivan Ford、Lionel Galliez、Renée Giovarelli、Charlese Griffiths-Charles、Lynn Holstein、Peter Laarakker、Hugues Marcard、John McLaught、Elizabeth Stair、Stefan Svenson 和 MikaTörhönen。

编辑：Shannon Russell。

版式设计：Luca Feliziani。

感谢大不列颠及北爱尔兰联合王国政府（国际发展部）为编写本指南提供的资金支持。

目 录

CONTENTS

1 关于本指南

　　本指南介绍了权属权利记录或登记的逐步扩展，以覆盖到当前还未在系统上记录其权利的人群。本指南为引入新系统记录权属权利以及一个国家首次记录权属权利（或被称为"首次登记"）提供了操作指导。

　　本指南所提供的建议遵循《国家粮食安全框架下土地、渔业及森林权属负责任治理自愿准则》中的国际公认原则和做法。请参阅本章"权利记录、准则和本指南"。

　　本章概述了提出此类建议的必要性，介绍了指南中涵盖的内容，并对指南的使用者和使用方式做出说明。

1.1 必要性

每个社会所创建的权属制度定义规范了民众如何以个人身份或与家庭、社区、非营利组织、商业企业和政府等联合获得土地、渔业、森林及其他自然资源。权属制度明确了哪些人可以使用哪些资源、使用时间的长短和使用条件。权属权利是将使用者、资源以及使用条件关联起来的主要方式。

在一些社会，关于权利的信息并未记录在案，因为在其社会习俗中，常常用口头形式传述谁拥有哪些权利和义务。对于生活在偏远地区的人们而言，这些权利所属都是众所周知的，他们可能认为没有必要将权利记录下来。

随着这些权利受到越来越多人的关注，尤其是包括政府部门在内的本地区以外的人员也在关注时，此时文件证明就变得非常重要。权属权利的国家公开记录，规定了哪些人在哪种条件下拥有哪种资源，这会使个人和社会均从中受益。这包括增加权属权利保障、推动营造透明的权利转让市场，以及完善经济社会福祉和一系列社会服务（请参阅第 2 章中的"权利记录的益处"）。

人们越来越重视记录尚未在案的权属权利。例如，最近获得法律承认的习惯权利、非正式权利得到了新的法律承认或者新获得的渔业、森林和水资源权利得到了法律承认。这些以前未记录的权利可在现有系统（或被称为土地登记系统、契约系统、地契或地籍系统）上记录，这一过程通常被称为"首次登记"。

在其他情况下，创建一个关注特定权利的新记录系统可能是更好的选择，例如，记录森林使用权、渔业份额或水资源使用权，或者由级别适配的政府部门或自治社区来完成记录。创建新的权利记录系统是本指南的重点。

若不进行系统维护，创建新系统或首次记录权利就毫无意义。在首次引入系统和记录权利时，需启动系统维护。系统必须提供持续服务；这些服务须保证质量，并在可承受的成本范围内在规定的时间和地点交付服务。这些话题超出了本指南的范围，但在有关改进记录权属权利方式的配套指南中做出了介绍。该指南在改进现有系统的背景下分析了这些话题，但这也与设计新系统有关。（有关配套指南内容的概述，请参阅本章中的"权属权利记录方式改进：记录系统的可持续管理"）。

1.2 使用者

本指南服务于负责首次建立权利记录系统或在系统中首次记录权利的人

员。本指南假定读者具备权利记录的相关知识。虽然目标受众有明确指向，但包含了不同的责任群体（如技术运营、管理、法规和法律），且来自不同部门（例如公共和私营部门），具有不同背景［例如法律、传播和信息通信技术（ICT）］。还需说明，由于国家之间的差异，读者可能对权利记录的各个方面有不同的理解。

另外，本指南可服务于与系统相关联的人群，因为本指南可以帮助他们参与权利记录系统的设计和首次登记。相关群体包括权利人及其协会（例如，财产所有者协会、用户协会）、专业人员（例如，律师、公证人、测量师、房地产经纪人）、银行和其他借贷方、学者、民间组织和非营利组织（例如，反贫困或环境保护机构）、法院以及其他权属管理机构的管理人员和工作人员。该指南也会对公共行政部门、地方政府机构、税务部门和负责基础设施建设以及隐私和公共记录获取的机构有所帮助。

1.3　涉及事项

本指南对如何创建权利记录和首次登记系统提供了一般性建议。

（1）第2章将权利记录放在一个国家或地区更为广泛的政策、目标以及其法律、社会和经济背景下进行讨论，并明确了权利记录的利益相关者。本章介绍了记录权利的益处，但同时也对是否任何地方都需要记录系统，以及是否应当记录全部权利提出质疑。

（2）第3章研究了权利的性质（做何事的权利、时间和方式）、权利人以及可以享受该权利的地点（地块）。

（3）第4章介绍了首次登记的选项，即首次在权利记录系统中识别和录入相关权利、权利人和地块信息的过程。

（4）第5章讨论了设计权利记录系统的注意事项，并回顾了机构设置、系统运行方式、系统功能和登记者的资质、记录前的信息核查、记录机构和信息存储，以及公众获取信息与个人隐私之间的权衡。在配套指南的关于改进权属权利记录方法中讨论了与设计相关的其他问题。包括：用户关注的发展、办公场所的设计、管理安排、人员配备、减少欺诈、误解和纠纷以及引入 ICT。

（5）第6章重点关注与登记管理机构及其运作有关的政策和法律，并介绍了创建管理机构运行环境和更广泛的权属权利环境的政策和法律框架。

（6）第7章指出权利记录的背景在不断变化，并简要介绍了在不久的将来可能对权力记录产生影响的变化。

（7）最后，附录注明了指南中与权力记录相关的内容，以帮助读者理解，但附录不能替代本指南。

本指南简要描述了权利记录的改善方式。本指南并不提供详尽的处理方法。本指南也非操作手册，不提供详细的分步解说，这是因为具体步骤只有放在特定国家或地区的特定法律和行政体系中才有意义。

本指南仅关注权利的正式记录，并不专门讨论基于口头传播的信息系统中权利的记录。但是，新创建的文档式记录系统可能要与此类基于口头传播的信息系统中的权利进行信息交互，或者至少需要识别出这些权利。

本指南未涉及为改善权利状况而进行的改革。某些权利被认为是弱势权利，例如一些妇女和少数群体拥有特定形式的权利，如仅记录这些弱势权利，可能将无法显著改善拥有这些权利的人们的生活。在这种情况下，改变权属制度以提升权利的数量和质量变得尤为重要。但是，这种强化权利的改革超出了本指南的讨论范围（请参阅第 2 章中的"是否任何地方都需要记录系统以及是否所有权利都需要记录"）。

尽管本指南的重点是权利，但是这些权利通常伴随着义务，例如权利人有义务去维护相关资源处于良好状态、纳税以及尊重邻居和其他权利人共同地块的权利。尽管本指南并不经常提及义务和责任，但在讨论权利时暗含了相关责任和义务。

1.4 专业术语

世界各地权利记录系统具有复杂性和多样性，这使得有关改善权属权利记录的讨论变得复杂。为适应权利记录系统的多样性，要求使用冗长的专业术语进行精准描述，这使得文章内容难以理解。本指南中引入了一些简化术语帮助阅读：

国家或地区

使用权利记录系统的区域：一些系统在全国范围内使用，而其他系统则在省、州或其他自治区等辖区内使用。本指南使用的"国家或地区"一词涵盖所有司法管辖区，包括国家或地区。

登记机构

记录系统的管理机构：在某些国家或地区，权利记录和地块由单个机构管理。对于这些国家，"登记机构"是指此类单一机构。在其他国家或地区，存在"双重代理机构"的形式，一个代理机构负责权利记录，另一个代理机构负责宗地记录。对于此类国家或地区，"登记管理机构"一词适用于两个机构。

权利人

权属权利持有人：不同的人和组织可以单独或共同享有权利。他们可以以自然人（人类）或法人（企业、协会、政府、传统机构等）身份享有权利。本指南使用"权利人"一词指代自然人和法人。它涵盖了所有者和对地块拥有其他使用权的人。

用户

使用登记服务的人员：在公共部门（各部委、代理机构等）和私营部门（个人、公司、协会、银行等），有很多人使用信息和服务。本指南使用"用户"来表示使用登记服务的人员。

记录

确认与权属权利有关的记录：依据《准则》，使用"权利记录"一词。在使用"登记"一词的国家或地区，它也适用于权利登记。

记录系统

记录权属权利的系统：在不同的情形下，通常以不同的方式引用权利记录系统；例如，土地登记系统和地籍系统。根据《准则》，"记录系统"这一术语用于涵盖所有类型的系统。

地块

权属权利适用的区域：《准则》涉及地块、土地和其他空间单位，并指出在某些情况下，使用除"地块"外的其他术语可能更合适。为了简化表述，在本指南中，"地块"一词在适当的情况下涵盖其他空间单位。为进一步简化，"地块"包括可能在地块内建造的所有建筑物或其他构造。

专业人士

除登记机构外，为客户提供服务的专家：用户通常会得到富有经验且通过认证的专家的协助，他们会提供建议并准备权利记录相关文件。这些专家包括律师、公证人、测量师和房地产经纪人。本指南使用"专业人士"指代协助客户处理登记事务的相关专家。

1.5　权利记录、准则和本指南

《国家粮食安全框架下土地、渔业及森林权属负责任治理自愿准则》为权属权利登记系统提供指导，该准则于 2012 年 5 月得到世界粮食安全委员会官方认可。

《准则》着重解决了权利记录问题，尤其是对社会上最弱势群体而言，它在建立和确保权属安全方面具有很大的作用。准则的一般原则首先主张，"各国应采取合理措施，确定、记录和尊重合法权属权利人及其权利，无论权利是否正式记录"（见《准则》3A）。

更具体地说，《准则》第 17 节中对记录有以下描述：

为提升权属权利的安全性，各国应设置记录个人和集体权属权利的系统（例如登记、地籍和许可系统），包括国家和公共部门、私营部门以及当地居民和其他拥有习惯性权属权利制度的社区；同时促进地方社会和市场的运作。

在该段的后续描述：

此类系统应记录、维护和公布权属权利和义务，包括谁拥有哪些权利和义务，以及与权利和义务相关的土地、渔场或森林的地块或财产。

《准则》以全球协商进程为基础，由代表不同经济、社会、文化、宗教和环境观点的政府通过谈判最终定稿，非政府组织和私营部门也参与其中。因此，它们代表了有关原则和惯例前所未有的国际共识。

《准则》的目的是改善土地、渔场和森林权属的治理，使所有人受益，其重点是弱势和边缘化人群（见《准则》第 1.1 段）。十项实施原则指导各国和其他国家采取以下方式：尊重人格尊严、以非歧视和两性平等的方式行事、与利益相关者进行磋商和接触、运用法治维护问责制和透明度、不断改善与权属有关的流程、法律和其他事项。本指南的附录中列出了一些改进权利记录的推荐做法。附录可帮助您阅读，但不能替代本指南。

本指南侧重介绍有效的记录系统对权属治理做出的贡献，这些贡献将造福所有人，包括经常得不到善待的弱势群体和边缘化人群。这也与《准则》相呼应。

本指南介绍了记录土地权属权利、渔场权属权利或森林权属权利以及其他权利（例如水资源权和矿产权）的行动措施。《准则》前言（与《准则》一同通过）指出，各国在执行《准则》时可以考虑水资源和其他自然资源的治理。

这并不意味着必须在同一系统记录渔业和土地等权属权利。更合理的方式是在不同系统中记录不同类型的权利。如果在不同的系统中记录了不同类型的权利，则应通过一个集成的框架将这些系统关联在一起，以便实现信息共享（请参阅《准则》第 17.2 段）。这样做可以识别和保护所有权利（无论是土地、渔业还是森林），例如在有国家征税、私人部门投资或应对气候变化提议的地区。虽然本指南与记录渔业和森林权利的系统有关，但由于土地登记和地籍系统历史较长，并且存在大量此类系统，所以该指南借鉴了世界范围内土地权利记录系统的经验。

本指南介绍了广泛的权属权利的记录，包括公共的、私人的、社区的、集体的、土著的和习惯性的权属权利（见《准则》第 2.4 段），以及基于非正式权属的权利（见《准则》第 10 节）。本指南的大部分内容都围绕有效系统的共同内容展开介绍，而不是关注这些系统之间的不同之处。

合法权属权利

《准则》强调合法权属权利的承认和保护。《准则》没有定义哪些权利是合法的，因为权力合法性定义会因国家或地区而异。例如，在某些情况下，一些国家或地区没有法律认可的习惯性权属权利，但人们每天都在行使其习惯性权利。这些权利具有社会合法性，因为即使缺乏法律认可，这些权利也得到了当地社区和其他社区的认可。其他情况包括使用非正式权属权利的人，这些权利出现在城市附近的非正式定居点中，但这些权利尚未得到法律认可。

《准则》提到了一系列权属权利，例如公共、私人、社区、集体、土著和习惯性权属权利以及非正式权属权利。这些形式的权属权利均可被视为合法的权属权利。但是，并非所有特定形式的权属权利均是合法的。例如，一个国家或地区可能将在非正式定居点的权利视为合法权利，但那些定居在易发生洪灾的地区或具有重要文化意义的地区（例如考古遗址）的人员的权利除外。

《准则》建立了协商和参与性程序，确定哪些权利是合法的。《准则》在第 4.4 段中指出：

根据这些准则的协商和参与原则，各国应通过广泛宣传规则来界定被认为是合法的权利类别。

关于磋商和参与的原则见第 3.B.6 段：

协商和参与：在拥有合法权属权利的情况下，在做出决定并回应之前，与那些可能受到决定影响的人接触并寻求他们的支持；考虑各方之间现有的权利失衡，确保个人和群体积极地、自由地、有效地、有意义地、知情地参与相关决策过程。

同样在第 4.4 段：

在依据国家法律对权属权利进行审查的基础上，各国家或地区应为目前不受法律保护的合法权属权利提供法律认可。

该段的结论是：

确保权属权利的政策和法律应无歧视且具有性别敏感性。所有形式的权属权利均应为所有人提供一定程度的权属安全保障，以确保法律保护其免受与本国和国际法承担的现有义务相抵触的强迫迁离、骚扰和其他威胁。

在本指南中，要记录的权利是已经获得法律承认的合法权利，因为负责记录权利的人员需要明确哪些权利可以记录。目前尚缺乏授权合法权属权利正式法律承认的过程，这是另一个话题，不在本指南的讨论范围之内（请参阅第 2 章中的"是否任何地方都需要记录系统以及是否所有权利都需要记录"）。

准则第 17 节

第 17 节的重点是记录权利，该文件的其他部分也有相关引用。读者可以在一般原则的背景下阅读第 17 节（请参见《准则》3A）和实施原则（请参见《准则》3B）。

第 17.1 段指出应设置记录系统以改善权属安全以及社会和市场的运作，并且该系统应涵盖国家和公共部门、私营部门以及本地居民所享有的个人和集体权属权利，还有其他社区所享有的习惯性权利。该系统应记录维护和宣传权利和义务，享有权利和承担义务的主体以及与权属有关的地块。

第 17.2 段指出该系统需适应当地条件，包括合理使用人力和物力；该系统应以一种符合社会文化的方式记录本地居民和其他社区所享有的习惯性权利；为了确保透明度以及与其他信息源的兼容性，记录系统应与其他信息系统集成在一个体系中。集成体系需整合所有权利记录，无论这些权利是由国家和公共部门、私营部门、本地居民和其他有习惯性权属权利的社区所享有的。如果无法记录本地居民和其他社区所享有的习惯性权属权利或居住在非正式定居点人群的权利，则要注意防止在这些地区权利记录出现矛盾。

第 17.3 段强调无歧视记录每个人的权利，相关机构应设置服务中心或流动办公场所增加获取服务机会，尤其在适当的情况下需特别关注弱势群体。此外，应考虑聘用当地专业人员，例如律师、公证人、测量师和社会科学家，为公众提供有关权利的信息。

第 17.4 段倡导简化程序，并使用符合当地情况的技术来减少提供服务的时间和成本。本段讨论了技术问题，例如空间精度的使用应适应当地需求，如有需要，可以随着时间的推移进行改进。记录应按空间单位和所有者索引，以识别相矛盾的权利。信息应按照国家标准进行共享，并且包含有关权利的分类数据，这种信息共享应帮助国家机构和地方政府改善其服务。

第 17.5 段规定了对所有人提供易获取的信息访问权限，尽管有关权利的信息共享应受到隐私权的限制，但是这些限制不应在非必要情况下阻止调查腐败和非法交易的公众审查。最后，应该通过公布程序、要求、费用和任何豁免以及应对服务请求的截止日期来防止腐败。

1.6 权属权利记录方式改进：记录系统的可持续管理

权利的记录必须发挥一定的作用，并为记录权利的人员创造价值或带来便利。因此，设计权利记录的新系统时，应考虑该系统的操作和维护方式，以便记录保持最新状态。权利记录系统的设计还应考虑该系统与更广泛框架的联系，该框架包括法治通过公开公正的法院系统保护权利，以及对市场和金融机构的监管。

在首次记录权利后，权利人可以在继承、出售或合同情况下立即将其转让。权利受让人需要更新记录中的信息以反映这些变动：继承人需要更新记录，如果权利被转让，则受让人需要更新权利记录。在许多案例中，人们认为不值得记录所发生的变动，过时的记录导致了登记系统不能及时更新。一旦发生这种情况，支持权属权利安全性的系统价值就会大大降低。一个测试系统的基本方法包括人们使用该系统的程度、使用该系统的人员范围以及他们的体验质量。

关于权属权利记录方式改进的配套指南介绍了系统如何在特定的时间和地点用可承受的成本持续提供合适的服务。该指南所涵盖的事项包括：

以客户为中心：制定服务标准，确保以客户为中心成为系统设计的核心；向客户提供信息并征求他们的意见；满足妇女、特殊群体以及弱势和边缘人群的需求；加大法律援助的覆盖；提高流程效率，以减轻客户负担。

办公场所：通过与其他机构共享空间，使用移动办公场所，以及设计对客户和员工都实用的办公场所，使人们可以轻松访问办公场所。

管理：确保适当的治理安排；引入战略计划与商业计划，并监控相关进程；在稳定的财务基础上开展业务；不断改进工作方式。

员工：引入人力资源政策以及行为准则和道德规范；并保障员工接受培训帮助其在工作上良好表现。

欺诈、误解和纠纷：通过减少欺诈和误解的风险来提高记录的质量，包括设置程序手册；设立赔偿基金；引入有效的方法来对待违反登记管理机构决定的客户（例如不记录交易）；以及使用标准化表格。

ICT：引入 ICT 解决方案以改善客户服务（使客户无需访问登记机构就可以更快地检索和使用信息），同时解决相关风险。

2 权属权利记录的背景

　　权属权利存在于世界各地，已经融入社会、经济和政治框架中。权属权利赋予人们使用自然资源的权利。记录权属权利本身不是最终目的，而是通过权属权利记录使特定的个人和群体以及整个社会受益。

　　本章将权利记录放在一个国家或地区更为广泛的政策、目标以及其法律、社会和经济背景下进行讨论，并明确了权利记录的利益相关者。

　　本章介绍了权利记录的益处，但同时也对是否任何地方都需要记录系统，以及是否应当记录所有权利提出质疑。

本章重点

- 权利记录不独立存在。相反，它与一个国家或地区更宏观的社会、经济和政治环境紧密契合。
- 权利记录是保护人民权利的重要手段，其中包括保护边缘群体和弱势群体的权利。
- 权利记录的益处包括改善经济环境和提高社会福祉、增强社会凝聚力，以及更好地实施与使用自然资源、应对气候变化和保护环境有关的政府行为。
- 完善的记录系统可以为政府在权属权利、经济活动、气候变化、社会改革和其他领域提供政策支持。
- 每个国家或地区都需要根据当地需求和所处环境确立最适合的记录系统。
- 政府、专业人员、学术界、民间团体和私营企业的利益相关者在权利记录系统中都会发挥一定的作用。
- 权利记录系统只有在可持续使用的情况下才会被引入。如果权利记录的成本大于收益，人们将不会记录后续交易。信息很快便会过时，而且会产生创建记录系统的资源浪费。
- 在权利记录可能损害他人权利的情况下，人们必须谨慎对待权利记录，例如权利恢复原状、权利正在迅速变化、权利需要升级且处于易变状态。

2.1 记录以及更为广泛的社会、经济和政治背景

权利记录通常是实现国家或地区更宏观的政策、目标和追求的组成部分。举例而言，这些政策、目标和追求可能涉及广泛的问题，如经济和社会的性质，或者人们如何以可持续的方式适应环境。这些政策、目标和追求也可能关注更为具体的问题，如怎样才能实现土地、渔场和森林资源的最优管理，也可能与公共管理问题相关。因此，记录系统是权利的管理、保护、配置、交易和税收系统的一部分。

记录系统理应存在，民众、社会和政府都会从中获益（请参阅本章中"权利记录的益处"）。记录机构可以在提供有关权利、权利人以及有关地块的信息时发挥重要作用，促进诸多政策、目标和追求的制定、实施和监督，例如：

- 维护所有权利人的合法权属权利，并且保护权利人不受歧视；
- 税收；
- 经济和社会计划以及决策；

- 自然资源管理、农业发展（包括补贴）、国家或地区土地管理、空间规划和环境保护；
- 气候变化与恢复能力；
- 对公共土地、渔业和森林相关权利的配置；
- 再分配改革，包括改善贫困群体、妇女、边缘群体和弱势群体等处境的项目；
- 征收征用基础设施和其他公共发展资源；
- 权利的交易、抵押和估价；
- 争端解决、法院诉讼、破产和刑事诉讼。

对权利和义务的记录可以适用于所有认可自然资源独立权利和义务的法律体系。这表示任何地方都可以进行权利记录，但并不是所有地方都需要进行记录（请参阅本章中的"是否任何地方都需要记录系统以及是否所有权利都需要记录"）。记录系统的设计形式不是固定的，任何国家或地区都可以开发记录新权利或不同类别权利的方法，如记录渔业权利、捕捞权、船只，以及水资源权。

此外，可以对现有概念（例如建筑物区分所有权或分层所有权）进行修改，从而可以记录那些不完全符合标准登记模型的权利（请参阅第3章"所有权形式及对其他权利的影响"）。

在欧洲以及许多沿用欧洲法律和行政制度的国家或地区中，权利记录有着悠久的历史。在不同的环境中进行权利记录，需要予以特别注意。人们普遍担忧的是，将欧洲法律制度的理念强加于土著或习惯性制度体系中会轻易损害甚至剥夺权利人本应享有的权利。除使用权和控制权外，此类权属权利制度通常还包含社会保障。为避免此类情况的发生，必须对现有权利和义务的性质进行彻底分析，并评估它们是否能充分适合现有模式，从而引入符合社会文化的记录系统（见《准则》第17.2节）。

记录系统可以适应各种社会和经济环境。虽然并不是每种环境都需要记录系统，但权利记录可以灵活适应各种社会和经济状况。并且我们应鼓励根据不同需求做出创造性的反应。尤其是随着新兴服务提供方式（例如移动办公）的普及，居住在城市中心以外的更多人群也可以获得服务。记录机构、非政府组织或其他实体的工作人员所提供的帮助可以解决识字率低和少数民族语言障碍所带来的问题。

2.2　权利记录的利益相关者

从制度层面而言，权利的记录适合更广泛的权属和权利管理的范围，记录机构需要与许多其他机构建立联系。《准则》明确指出，权属保障中有众多利益相关者，从政府的各个部门（立法部门、司法部门和行政部门，包括行政部门的执行机构）到企业和专业人员等非政府组织以及其他机构，如学术界、地方和国际民间社会性组织。如下表所示，在创建和使用记录系统时，所有此类利益相关者都会发挥一定的作用。

利益相关者	角色
记录机构	建立并维护包含权利、权利人和地块的记录系统，向客户提供信息，并记录客户所提出的更改。
客户	使用记录服务并从中受益，提供反馈和建议。
行政部门和政策制定者	建立记录机构，提供设立和运行记录机构所需的资源（场所、人员、设备、许可证等），并依照法律和其他管理性实施规定细则制定和颁布相关规定。
立法部门	建立相应的法律体制，并经常性地实施修正案和新法，以保障权属权利的安全和新路径的实施。
司法部门	解释法律体制并维护权属权利保障的基本原则。
自然资源管理机构	与记录机构共同获取权利信息并更新相关信息。
测绘机构	提供航空和卫星图像以及地形图，以用于识别宗地并绘制宗地地图。
基础设施建设机构	使用记录机构提供的信息来识别权利人，权利人将获得所征收征用资源的补偿。基础设施建设机构便可以建设道路、港口、机场、医院、学校、水力和电力等基础设施。
反腐败机构	提供有关反腐败措施的一般性建议，培训记录管理人员，宣传反腐败的典范做法，并根据需求提供反腐败建议。
个人隐私保护责任机构	监视记录信息的收集和发布，确保隐私权原则与获取信息的利益相平衡，且符合法律的相关规定。
专业人员及其协会	与记录管理机构合作以获取和提供信息，制定标准、起草用于更新记录管理机构信息的文件和计划，举办会议和讲习班以交流知识和经验。
银行和其他借贷方	使用记录信息决定是否发放贷款，并通过抵押物的记录来维护银行和其他借贷方的权利。
地方和国际民间社会组织	与记录管理机构合作，以改善客户服务，提高透明度和打击腐败力度，收集客户反馈，要确保弱势群体和边缘群体得到保护。
学术界	研究与记录管理机构及其运行相关的专题，包括其法律体制，提供专家建议，培训新一代管理人员和专家，在会议上分享知识和经验，提供基于实证作出的有关记录管理机构运营和影响的反馈，并将记录机构的记录信息用于其他专题的研究，例如系谱学。
捐助者和国际机构	提供技术咨询，资助记录活动，促进国际合作和经验交流。

2.3 是否任何地方都需要记录系统以及是否所有权利都需要记录

是否任何地方都需要记录系统？是否所有权利都需要记录？是否可以通过可持续的方式记录所有权利？这些问题与我们息息相关，在对诸如习惯性权利、渔业权、林地权和水资源权之类的权利被给予法律认可的情况下，这些问题得到了越来越多的关注。

仅在可持续的情况下，才应建立权利记录制度。权利记录本身并不是最终目的。权利记录可以为政府和更广泛的社会带来价值和利益，但只有在权利的记录为权利人带来价值和利益时，他们才能发挥良好的作用。如果人们不重视记录系统，不会使用该系统，政府设立记录系统和进行首次登记的初期投资将会被浪费。如果记录权利的成本过高，过程和程序太烦琐且收益过于有限，权利人就不太可能使用该记录系统。如果地块的价值低于记录成本（例如，前往偏远城市的记录机构所需的时间、专业服务的成本以及记录交易的费用和税金），人们也不太可能使用该记录系统。为使系统正常运行并以可承担范围内的成本提供所需的服务，必须持续提供适当的资源、管理和人员配置。

虽然理论上可以记录所有形式的权利，但我们建议在某些情况下需要保持谨慎。尤其当记录可能会损害他人权利时，则不应记录权利。需要保持谨慎的情况包括：

在权利需要恢复原状时：《准则》对权属权利治理提供了全面的处理方法，在第14节中，《准则》论述了在适当情况下因丧失对土地、渔场和森林的合法权利而请求恢复原状的必要性。这是对以下事实的回应：在许多国家或地区，殖民地法律以及后来的独立法律和惯例已经剥夺了人们的权利，使他们失去了现在被认为理所当然的权利。如果已将这些领域的权利分配给其他人，则应将记录这些权利的请求作为恢复原状整体方案的一部分。正如《准则》第17.2节所表述，应注意防止将相矛盾的权利在习惯性权属地区登记。若不这样做，则可能导致原本弱势的个体和群体进一步边缘化。恢复原状方案应就权利的有效性做出裁定，而记录机构应在其记录中反映该结果。

在权利迅速发展时：权利的概念在世界某些地区正在发生变化，尤其是在渔业和林业方面。例证包括承认土著居民和地方社区的主张、扩大社区森林制度、资源私有化和将责任下放至社区。权利的各个方面仍在不断发展并在适应不断变化的内部和外部环境。在权利迅速发展时，它们会暴露出需要解决的潜在冲突（例如边界的不确定性）。如果不保持应有的谨慎，则先前享有权利的主体以及未享有权利的主体都可能会被排除在进程之外。过早采用记录权利的策略可能会锁定不公平的结果从而限制记录进程。

在权利需要升级时： 在许多情况下，人们享有的是弱小的权利。在某些情况下，国家或地区拥有资源，允许人们使用资源，但也可以轻易通过政府官员的自由裁量权剥夺人们的权利。仅享有较弱权利的权利人不太可能会投入大量的人力和财力来拓展其资产，而仅记录这些权利本身可能并不会加强权属权利保障。在其他情况下，由于宪法和习俗中的歧视，妇女可能只享有弱小的权利。补救措施是在质量和数量方面强化权利，然后应将其反映在记录管理机构的记录中。

在权利高度易变时： 我们很难界定并记录在时间上和空间上具有很大可变性的权利。例如，游牧牧民在下雨后寻找牧区时，会移动数千公里，他们的路线每年会有所不同。在这种情况下，即便是世界上最好的记录系统也将面临提供权属权利保障的挑战。

2.4 权利记录的益处

权利记录可以使权利人及整个社会受益，其潜在的益处包括：

增强权属权利保障

记录权利的原因之一是确保人们的合法权利得到法律认可和保障。当民众和社区想要记录权利时，他们应当获得这种机会。记录可以表明，权利人获得权利，并以此获得法律保护，尤其是保护免受社区以外的人侵犯其权利。

权利的公开记录可以在以下两个方面改善权属权利保障。首先，当所有人都能轻易获取有关权利的信息时，权属权利的保障就会得到改善。如果人们不知道某项权利的存在，他们可能会在无意中侵犯该权利。例如，如果政府官员不知道人们已经对某地享有合法的权属权利，他们会将该地重新分配给其他人，如重新分配给流离失所、需要重新安置的人群或准备扩大农业生产的投资者。当人们不能轻易获取有关权利的信息时，一些人会更易通过欺诈等非法手段获得这些权利。如果人们没有意识到某些侵害权利的行为正在发生，就无法进行反抗。

其次，当记录系统提供对权利的法律认可时，它们为依法保障这些权利提供了支持。当人们记录了自己的权利和地块时，他们可以获得法律所规定的收益。如有争议，人们可以在调解或诉讼程序中使用记录中的信息确定谁享有权利。人们所获得法律保护的性质取决于记录系统所从属的法律体制，因此，每个国家或地区所提供的法律保障都是不同的。第 5 章介绍了记录系统以及记录系统所提供保障的不同情况。

权利保障的程度取决于记录系统的信息质量。如果人们对记录的完整性缺乏信心，系统提供的保障便没有太大价值。通常来说，系统中的信息质量越好，所产生的问题就越少，且权利被记录的群体可获得的保障水平也就越高。

改善市场运作

市场（交易和租赁市场）是许多人获取自然资源的重要途径。记录系统可以通过提供可靠信息的方式帮助市场运转。在陌生人之间的权利让与中，卖方通常更加了解地块及地块相关权利。在没有良好记录的系统中，人们通常只会与自己认识或信任的人所推荐的人进行交易。通过提供可靠的信息，记录系统可以帮助买方确认卖方是否有权出售。这样可以减少交易双方之间信息不对称的情况发生。在一定程度上增加制度信任和透明度，将会促进陌生人之间的交易。

有记录的权利和地块对银行和信贷机构而言更具吸引力，因为债权人可以更加明确谁享有这些权利，也可以更加确定地块的特征。记录权利的借款人比未记录权利的借款人更容易获得抵押贷款。但是对贷方而言，借款人的潜在还贷能力（即收入）和偿还意愿（即信用记录）等因素要比已记录地块权利的抵押物更需予以考虑。

提高经济和社会福祉

享有地块担保物权的权利人在将其地块出租给他人用于商业用途、投资以及进行其他固定资产改良时，会感觉更有保障。地块作为每个国家或地区最大的资本资产，对这些资产的有效管理和使用可以增加国民财富，并使不同收入的人群从中受益。政府机构会更愿意向权利得到认可的地区提供服务。当人们从可获取的服务中受益时，他们会产生社会安全感和安定感。当人们认为自己的权属权利得到保障时，不论是出于经济或改善生活质量的目的，他们更有可能通过投资来增加资产，如通过投资更高品质的住房来增加资产。

加强对其他行政目的的支持

基于不同目标，记录系统为公民、政府和其他人提供有关地块和权利的信息。记录系统是构成国家或地区空间数据基础架构的关键要素，这使得权属权利信息可以与其他来源信息相结合（请参阅《准则》第 6.5 节）。记录系统中的信息可用于多种用途，例如应对灾难和紧急情况，收取年度财产税为本地服务提供财政支持。记录系统中的信息也可服务于为基础设施建设和其他公共开发而进行的征收征用。

加大环境保护

如果人们明确自己的权利，就更有可能注意保护资源，并避免采取会造成侵蚀、土壤退化和植被损失的短期破坏性行为。记录系统还会为负责管理环境和应对气候变化的政府机构提供有用信息。例如，政府机构只有在明确某些资源权利人的情况下，才能通过设计和执行计划来保护具有环境或文化价值的地方。

增强紧急情况应对

可靠的记录信息（如果在自然灾害期间采取了保护措施）可为灾后恢复和重建提供依据。

3 权利、权利人与地块

记录权利主要需要以下三方面信息：

权利的性质（做某事的权利、时间和方式）；

权利人（又称权利享有者）；

享有权利的地点（地块）。

本章介绍了识别权利、权利人和地块的注意事项。

本章重点

- 权属规定了如何使用自然资源,由谁使用以及在什么条件下使用的情形。并且随着社会需求的变化,权利的范围也在不断扩大。
- 如何看待所有权,谁有权拥有土地、渔场、森林和水资源,为理解其他权利设定了条件。所有制形式多种多样,如国家或地区所有制,私人、个人所有权,以及普通和习惯性所有权。
- 同一地块上可以存在多个权利,并且这些权利会随着时间而改变。在记录权利时需要确定权利的性质、存在的区域(地块)、时限(例如租赁时限)和任何相关的权利,例如转让权。
- 权利与责任和义务相对应,如纳税和保护资源的义务。为了保护邻居和社区的利益,也会存在限制资源使用的情形。
- 无论权利人是自然人还是法人,都需被认定。应当对配偶、子女、多户家庭或多个权利人的情况以及文盲、残疾人等群体给予特别关注。
- 公共土地、渔场和森林在确认权利和权利人方面存在特定问题,因此与国家或地方各级主管部门的紧密合作至关重要。
- 认定地块十分必要,尤其是要界定其边界。界定边界的准确性标准应符合社会和经济的需求。

3.1 总则

权属权利是人们享有和使用土地、渔场、森林和其他自然资源的方式。社会已形成权属规则来规范这些权利(例如对哪些资源享有权利)、权利的分配以及分配的条件(参见本章中"所有权形式及对其他权利的影响"和"权利"两节内容)。这些权利通常对应相关限制条件和责任(请参阅本章"权利所对应的任务")。

包括所有权在内的许多权利是以使用权和用益物权的形式存在(用益物权通常被认为是个人权利,并非所有权,是允许一个人或多个人共同使用和享用地块资源的权利)。权利的类型多种多样。在 20 世纪,出现了几种新形式的权利,例如:

- 建筑物分区所有权。这是一种混合形式的所有权,包括个人区域的所有权(如公寓和办公室)和公共区域(如入口、走廊、娱乐区、屋顶)的共同所有权;

- 所有权分时产权。多方可以对特定地块享有权利（如对公寓的权利），并为各方分配一定的时间段来使用该特定地块；
- 开发权。即在地块上开展建设或以其他方式改变地块的权利。在一些国家或地区，开发权可以与其他权利分开出售，例如出售给公共机构，以促进对农业、森林和水资源的保护。所有权人收取出售开发权的款项，并继续管理农场或森林。所有权人以及任何后续的所有权人无权将地块转换为其他用途。

权利可以由不同人群、组织和政府享有（请参阅本章中的"权利人"）。人们可以作为个人、合法夫妻和家庭享有权利。组织可以包括公寓和业主委员会、社区、宗教协会和商业企业。中央、区域和地方各级政府也可以享有权利。

多个不同类型的权利可以应用于单个地块或单个地块的一部分（请参阅本章中的"地块"）。在本指南中，地块是指所有权或用益物权之类等权利所适用的物理空间。在该空间中，所有权人或使用权人可以行使其权利。地块可以包括自然资源以及该地块内的楼房或其他建筑物。

如此可能导致不止一个人对某块地块享有权利。一个人可拥有使用该地块的权利（包括使用地块进行放牧、耕种、收集柴火和捕鱼等特定目的）。另一个人可以享有支配该地块的权利（例如，决定如何使用该地块，或者从销售地块上的农作物、木材或鱼类中获益）。其他人可以享有将地块转让给另一个人的权利（例如，将地块分配给他人，或通过出售、租赁、转让给继承人）。这些权利可以和排除他人使用地块的权利相关联。这种地块上的多重权利有时被称为权利束，就像一捆木棍，其中以木棍为代表的各种权利可能由不同的人享有。

在所有司法体系中，权利都由法律创设。权利也可以通过其他方式产生，例如通过惯例（在习惯性权属权利的情况下）或非正式的方式（在非正式定居点中自发出现的非正式权属权利）。即使这些习惯或非正式权利没有得到法律认可，也可以具有社会合法性。《准则》要求在目前尚缺乏合法权利的地方给予合法的承认和保护（请参阅第1章中的"权利记录、准则和本指南"）。

所有权利，包括私人所有权，都在某种程度上受到限制。例如，一个人的权利受到他人（包括邻居）权利的限制。政府通常有权通过多种方式限制民众的权利，例如通过征收、城市规划法以及维护国家或地区和公共利益去限制权利。

清晰识别权利、权利人和地块可以带来确定性。但是，对权利人的确定可以为有权势的人群提供左右事实解释的机会，从而对贫困人口和边缘化人群产生不利影响。在考虑确定边界的程序时也需保持谨慎。为了社会和谐，人们更频繁地接受歧义和不确定性。为官方目的而确定的权利可能导致潜在冲突浮出水面。尽管清晰描述边界有助于避免或解决邻里纷争，但有时为了记录权利而在地块之间精准划定边界会在和睦的邻里关系中引起争议。似乎没有证据表明界定边界的准确性与边界争端发生次数之间存在相关性：较高的测量精度可能会相应增加成本，但不一定会减少争端次数。

3.2 所有权形式及对其他权利的影响

许多非洲国家或地区规定了可以单独或共同享有的永久性和可继承的习惯性权利，该权利在某些条件下也可以转让给他人。尽管这种习惯性权利可能在不同国家或地区大致相同，但在某些国家或地区，这种权利被视为所有权，而在另一些国家或地区，被视为用益物权（即不是所有权，但通常被视为是个体化的权利。这种权利允许一个人或多个人共同使用和享有某块地块上的资源）。例如：

- 在乌干达，社区成员享有的这种权利被视为习惯性所有权，并且可在《习惯性所有权证书》中被予以承认。
- 在坦桑尼亚，社区成员享有的这种权利被视为用益物权，并且可在《习惯性占有权证书》中被予以承认。该权利不能被视为所有权，因为所有地块的所有权都由总统代管。
- 在加纳，社区成员享有的这种权利也被视为用益物权，并且可以在《所有权证书》中被予以承认。该权利不能被视为所有权，因为各族群的成员将土地所有权归属于相关族裔群体，这些族裔以凳子、毛皮和家庭为代表。

因此，如何看待所有权，谁有权拥有土地、渔场、森林和水资源，为看待和理解其他权利设定了条件。

认可公有制为唯一合法类型的国家或地区

在某些国家或地区，所有土地、渔场、森林和其他自然资源都是公有的。根据定义，对于在这些国家或地区中使用资源的其他人，即使他们的权利是实质性的所有权，也不被称为所有权。

例如，在塔吉克斯坦，土地归国家或地区所有，但人们可以获得终身使用权和可继承的使用权。其他使用权可以被分配到较短的时间。中国、老挝和乌兹别克斯坦等其他土地公有制国家或地区也允许人们享有某种使用权。

坦桑尼亚提供了一个习惯性权利的例子，即资源归国家或地区所有。总统作为人民的受托人拥有所有土地，但土地不得私有。

人们可以享有农村土地习惯性占有权：这些权利可以被单独或共同享有，

是永久性和可继承的，并且得到村委会的许可后可以转让给其他人。

多种所有权共存的国家或地区

大多数国家或地区允许不同类型的所有权共存。所有权类型可分为：私有权利、习惯性权利或公有权利。在某些国家或地区，宗教捐赠被视为另一种所有权形式。

私有制和个人所有权：私有制通常具有个性化和排他性，并且地块的所有权利都集中在单方手中。但是，此特征过于简化现实中常常出现的情形，即许多人可能对同一地块享有权利。私有制意味着所有权人可以享有使用地块的权利而将他人排除在外，但所有权人可以将各种权利转让给他人。例如，所有权人可以通过租赁将地块的许多权利转让给承租人。转让权利的例子有使用地块的权利、允许承租人通过转租将使用权转让给第三人的权利或者抵押地块的权利。在租赁期间，所有权人无法使用地块，且通常必须征求承租人的允许才能进入地块。在租赁期结束时，权利将被归还给地块的所有权人且所有权人再次享有使用该地块的权利。除所有权外的其他权利还包括为特定目的进入地块的权利（例如，跨越地块安装和维护输电线路、使用井水、安装通讯基础设施）；以及从地块中获取某些物品的权利（如木柴、碎石、沙子或泥炭）。

如租约示例所示，权利可以按时间划分。此外，权利可以适用于地块的不同部分。例如，可以将天然气管道地役权或道路行驶权界定在与地块边界相邻的区域；这些权利只能在地块的特定区域行使。在这种情况下，可以将单个地块单元划分为多个独立区域，除所有权人以外的其他人可以对地块的某些区域享有权利，而对其他区域不能享有权利。所有权的对象还可能包括地表、地下以及空域（请参阅本章中"地块"）。

在某些国家或地区，私人拥有的农村地块可能受制于具有历史性和永久性的"漫步权"，而所有权人以外的其他人可以享有这些权利。这些权利通常源于人们步行、骑马或滑雪橇穿越他人拥有的土地或森林的传统权利。这些权利是受限制的（例如，限制进入地块的某些部分）且与责任相对应（例如，尊重所有权人的权利或不造成损害）。一些国家或地区已将这些访问权规定在法律中。在其他国家或地区，即使在欧洲（例如芬兰和瑞典），这些权利也只在现实中存在，但并不出现在成文法中。

私有制和共有制：建筑物区分所有权、分契式所有权，其代表一种同时具有私有和共有要素的所有权形式。

- 业主对建筑物中（如公寓、办公室）自己的专有部分享有单独所有权。
- 建有建筑物的地块由一个法人团体所有，该法人团体的股东为建筑物中单个单位的所有权人，且该法人团体代表所有业主（但是，在某些国家或地区，地块可以由除单个单位所有权人以外的第三人拥有）。

- 建筑物公共区域（例如入口和走廊）、休闲区（例如网球场和游泳池）以及停车场也由法人团体所有。

在某些情况下，公寓是占据了整个地块的单独建筑物。在其他情况下，公寓的地块上可以有几栋独立的建筑物（每栋都有单独的单元）。由于公寓大楼通常是多层的，因此，可以在三个维度上界定公寓权。例如，一个单元可以由该单元所在的特定建筑物以及该单元所在的建筑物的楼层来界定。

私人社区协会的概念已扩展到包括"封闭式社区"的开发项目，在该开发项目中，大块地块拥有许多单独的房屋、街道、娱乐设施、花园、停车场等。各个房屋通常由私人所有，每个房屋通常都有一个私人花园区域，而公共区域则由一个法人团体（有时称为业主协会）所有。与传统公寓一样，每栋房屋的所有权人是法人团体的股东。由此可以将用于封闭式社区的地块视为被划分为多个单独的部分，其中一些部分专门供对这些部分享有权利的人使用和获取收益，其余部分则可以为所有权人共同使用和收益。此外，其他人可以就个人所有的房屋和花园区域以及共有部分以地役权、抵押等形式享有权利。

习惯性权属和共同所有权：习惯性所有权通常被视为一个群体（例如社区）对其传统上使用的资源拥有的集体权利。例如，在加纳，代表这些族群的成员将土地所有权归属于相关族裔群体（以凳子、毛皮和家庭为代表）。

就土著人民而言，其土地、领土和资源的所有权在《联合国土著人民权利宣言》中得到承认（该宣言还承认，除所有权以外，土著人民对传统上已经使用和占有的土地，领土和资源所享有的权利）。

由于社区是唯一可以拥有所有权的一方，社区成员所被授予的个性化权利并不是所有权，有时这些权利被统称为用益物权。例如，在加纳，这些用益物权可以被单独或共同享有，它们具有永久性且可被继承，并且可以在某些条件下可被转让给他人。对个人或家庭授予的在特定地区的特定排他性的用益物权会服从于一系列其他习惯性权利，社区可以在该地区行使这些习惯性权利。例如，社区内其他成员可以继续在该区域享有通行权；社区内其他成员享有该区域内的水权；社区内其他成员有权在该地区收集薪柴或其他非木材林产品或在该地区未耕种的森林中狩猎的权利。在草原地区，分配给个人或家庭的特定区域可以包括通向放牧区域的共同通道。有时，由于社区成员无限制地获取自然资源以及某些权利的特殊性，仅靠地理位置无法界定社区内的所有权利；例如，对树木（或其果实）的权利独立于对树木所依附的地块的权利。

如果社区代表其成员享有习惯权属权利被视为地块和其他自然资源的合法所有权人，则可以将此类社区集体拥有的一个或多个空间区域确定为一个地块或多个地块。在社区为所有权人的情况下确定地块可以帮助他们保护自己的权利，防止他人侵占或挪用。如果社区成员对地块的特定部分享有专有使用权，例如用于居住或耕种目的，则可以用类似于公寓和封闭式社区的方式在地块上标识这些部分。

习惯性使用权和个人所有制： 习惯性使用权下的个人所有制并不常见，但在某些国家或地区已得到认可。例如，乌干达会颁发习惯所有权证书，该证书基于习惯法将某人认定为地块的合法所有权人。这种习惯性所有权包括出售地块并将其用作贷款抵押的权利。由于该所有权是习惯性的，因此适用习惯法。该习惯法还包括出售地块需要获得社区的许可。

此外，其他人对地块的习惯性权利仍然存在，并且不会因权属证书的颁发而失去这些习惯性权利。在加拿大，尼斯加民族允许族人对部分部落土地享有个人所有权。

公共所有权： 在允许多种所有权存在的国家或地区，公共所有权可被区分开来，一种是拥有特殊的重要性且不能从公共领域转让的地块（例如国家或地区公园和重要文化遗产）的公共所有权，另一种公共所有权是国家或地区实际上将地块视作私人所有并可以出售，即便该地块是用于公共目的（例如，建设学校或医院）。需要特别注意的是，沿用法国法律传统的国家或地区会在其公有资源和私有资源之间作出区分。通常来讲，国家或地区可以出售该国家或地区的私有土地，而不能出售国家或地区公有土地，要出售公有土地，必须事先将其转换为私有土地。也有些例外情况，例如在卢旺达，湿地被归类为国家或地区私有土地，但出于环境保护目的，国家或地区禁止出售湿地。公有地块可以通过多种方式分配给其他人，例如通过私人专用租赁或授权的公共用途租赁（例如，休闲目的）。此外，政府可以将他人拥有的地块用于公共目的，例如通过租赁办公室为公众提供服务。

公有制和习惯性权属权利： 即使在习惯性权属权利下使用土地，公有制也常会体现在法定名称上，如"林地"。在某些情况下，土地的习惯性权属权利会得到法律承认，但是该土地上的林木归属于林业部门。有时，人们并非仅根据法律规定使用资源。例如，许多国家或地区的传统牧场位于法律分类为林地的土地上。在实践中，这种情况通常是权利重叠的一种，享有季节性权利（包括在森林地区）而使用牧场的牧民与享有更多永久性权利的人同时存在。习惯性权利会经常发生改变以反映不断变化的环境。例如，市场已经扩展到曾经的偏远地区，这会增强人们生产林业产品的意愿。反过来，这可能要求人们与作为所有权人的国家或地区重新协商权利，法律框架因此而发生变化，以便对新权利给予法律承认。

3.3 权利

权利的确定应基于以下考虑。

3.3.1 确定需记录的权利

记录法定权利通常需要记录管理人员。如果权属权利的相关法律发生变化，那么可记录的权利也会发生变化。记录系统可以是动态的，即随着时间的推移，记录系统会发生变化。如果记录是必要的，且记录这些权利的成本小于产生的收益，所有类型的权利均可予以记录。可以记录的内容千差万别。例如，对于土地登记系统，在某些国家或地区可记录租赁权，而在其他国家或地区则不能记录；而且，在某些国家或地区，特定类型的租赁权（例如，农业地块租赁权）可以记录，但是其他租赁权（例如，用于住宅目的的租赁权）不适宜记录。

国家或地区在权利人未还清债务的情况下可能对地块的索赔情况进行记录。例如，政府可能以未缴纳地块税款为由申请留置权索赔。又或者，如果权利人不支付劳动报酬，则合同中提供地块改良劳动的一方可能申请留置权。与抵押物赎回权类似，申请留置权的一方可以强制出售地块来追回欠款。国家或地区可以记录契约和地役权，以告知人们地上可能存在的权利限制。

3.3.2 确定无法记录的权利

国家或地区对某些法律认可的权利不会进行记录，这是十分常见的，并且某些权利可能无法记录。

法律所规定的权利：法律中规定的一些权利，包括所有权，不一定出现在记录系统中。例如，在某些情况下，可通航河床的所有权归国家或地区所有，法院或立法部门可以确定是否将某条河流视为可通航河。国家或地区对矿产（特别是贵金属）的所有权也可以在法律中规定。在国家或地区所有地块和其他自然资源的合法所有权人的司法辖区中，通常在宪法中对国家或地区所有权予以规定，因此，无需在记录系统中记录国家或地区所有权。

优先购买权：优先购买权也可以在法律中予以规定。优先购买权人相对于其他人有优先权来购买一块地块，优先购买权有时也被称为第一拒绝权或选择购买权。优先购买权在所有权人希望出售时就会生效。法律可以规定具有优先购买权的人和其他人的类别以及优先顺序；例如，共有人、承租人、邻近的农民、其他农民、社区或地方政府、国家或地区。

优先权：法律法规中规定的某些适用于地块的权利可能无法记录。这些权利"优先于"已记录的权利，所以，买家在购买前进行适当的调查是很重要的。如某些国家或地区不允许记录短期租赁。例如，在加纳，未满三年的租约不得予以记录，而在大不列颠及北爱尔兰联合王国的英格兰和威尔士，未满7年的租约不得予以记录，公共通行权不得予以记录，同样的，相邻结构支撑权和采光权也不得予以记录。"通过时间推移而确定"的权利，如敌对占有、逆权占有、逆权侵占，也无法记录。在某些国家或地区，即使配偶、住家父母、未成年人和有精神障碍的人群已经没有记录的权利，但如果未经他们的同意而出售该地块，他们仍有权占有该地块上的建筑物。

3.3.3 确定权利时所需明确的信息

在进行任何权利交易时，应明确指出以下内容，以免在以后出现疑问和争议。

权利的性质：权利人可以做什么？法律已明确规定了大多数法定权利的目的。绝大多数记录的交易通常是几种类型（如继承、买卖、租赁和抵押），标准文本足以描述所转让的权利。在其他情况下，尤其是在转让不寻常的权利时（例如，在特定时间使用地块的特定部分进行放牧的权利），交易目的应在交易文件中明确表达（可能附带交易计划）。此外，地块使用权通常会受合法空间规划的制约。

权利的空间限制：许多权利适用于整块地块，但其他权利仅能影响地块的某一部分。仅适用于地块某一部分权利的常见示例是通行权和其他地役权，以及对公共地块的公共权利。

3.4 权利所对应的义务

权利通常与某种形式的义务相对应，例如责任和限制。在环境和自然保护日益重要的背景下，关于自然资源的权利对应越来越多的责任和限制。

责任：权利可能对应着权利人的必要责任。这些责任包括：支付与权利有关的税款、维持穿越地块的公共道路权不受阻碍、清除灌木丛以减少火灾的风险以及与邻居共同维护共用墙壁或围墙。许多这样的责任可以通过不成文的习惯性规则或与权属权利没有直接关系的法律来设置，如消防法规定了地块所有权人的责任。

限制：可以通过多种方式限制人们享有权利。例如，消极地役权可以阻止在一个地块上享有权利的人建造建筑物来遮挡相邻地块的视线（如果地役权赋予某人一项权利来阻止他人在不存在限制的情况下在其地块上实施合法行为，那么该地役权就是消极权利。当地役权赋予某人基于特定目的的地块使用权时，该地役权就是积极权利）。在某些国家或地区，人们通过"限制性契约"或"建筑规划"来限制权利人的建筑自由或园艺自由。采用这些限制手段，可以使整个社区使用一致的颜色、设计和园艺主题。在习惯性权属权利制度中，社区可以通过限制个人使用共同资源的方式以维护共同资源。这样的权利不会赋予权利人在整块地块中的自由。

权利的时间限制： 所有权以及某些地役权通常是永久存在的，即这些权利不受期限的限制。租赁等其他权利会受到期限限制；这些权利存在的期限可能是几个月或几年的固定期限，或者直到某个固定日期，或者不定期，但不得超过诸如人的生命之类的最大期限（例如，终身财产或人役权）。

转让权： 转让或转让权利与所有权关系最密切，但其他权利的权利人通常也能够转让权利。例如，承租人可能会将地块转租或将租赁权让与给他人，但是这样做需要获得地块所有权人的允许。租赁权和某些类型用益物权也可以由继承人抵押和继承。习惯性所有权和用益物权可以转让，但前提是必须获得社区的许可。

3.5 权利人

人们通过出生证明、护照、身份证或姓名变更文件所证明的全名来识别自然人权利人。如果权利人不能提供所要求的身份证件，则可能需要其他形式的身份证明文件，如证人证词。

在某些国家或地区，尤其是在没有个人识别码系统的国家或地区，只需在记录簿中注明权利人的名字。而在其他国家或地区，则会将个人识别码注明在记录簿中。但是，在几乎所有情况下，记录管理机构的档案文件中都有权利人的详细识别信息，如家庭住址、职业、婚姻状况、出生日期和父母姓名。

我们需要对权利人的特殊情况采取特定步骤。

夫妻： 在许多国家或地区，法律都规定了配偶权。例如，在民法法系和其他国家或地区法律中规定，即使只将夫妻一方记录为所有权人，婚姻期间获得的任何地块均属于夫妻双方。在有公证系统时，公证人必须确保夫妻双方都同意交易，例如在出售婚姻地块时，无论双方是否都被记录为所有权人，都需要夫妻双方同意交易。但是，在夫妻双方对地块都享有权利时，应将双方记录为权利人。如果在首次登记时只记录了夫妻一方，而未记录夫妻另一方（请参阅第4章），则只显示夫妻一方的名字，如其出现在后续的交易记录中时，很有可能会产生问题，因为记录管理机构通常只会记录交易方呈递的文档，而不会询问更多问题。记录管理机构应该采取额外的措施，如对双方的身份设置特定问题的表格，来确保在交易记录中夫妻双方都会被记录为权利人。在某些国家或地区，权利人尤其是妇女，可能因缺乏正式的身份证明而需要其他替代方法，例如证人、证词。

未成年人：在大多数国家或地区，对成年人（即通过出生证，身份证等）进行身份识别的规则同样应适用于未成年人（即未满法定年龄的人，通常为未满 18 周岁的人，尤其在其未婚时）。一般而言，法律规定的事项包括：具备法律行为能力的年龄、是否可以在没有监护人时享有对地块的权利、是否可以在没有法院命令的情况下出售地块或进行其他地块交易。了解有关民事行为的一般法很重要，例如民法典，同样重要的是了解任何有关未满法定年龄的人是否可以对地块享有权利和进行交易的特别法和法院裁判。

在某些国家或地区，通过明确地将权利人认定为未成年人并提供出生日期，可以将权利人是未成年人的事实记录在记录表中。这样，任何涉及相关地块交易的第三人都可以知道该笔交易将适用特殊规定（例如，法律对未成年人未经法院授权而出售、抵押或租赁地块的行为的限制）。如果记录确实表明未成年人是权利人，并且法律要求有特别授权才可进行地块交易（例如，由法院授权），则记录表需要确保任何出售、抵押、租赁或其他法律文件均符合该授权。当未成年人达到法定行为能力年龄时，本人可以通过删除其未成年及出生日期来申请变更。

记录管理机构应采取特别措施询问权利是否涉及未成年人。在某些情况下，父母可能对将家庭的所有成员都记录为权利人的法律规定并不了解。如果未成年人是孤儿并且由亲戚照料，则可能存在未确定该未成年人为某些财产（如从父母处继承的财产）权利人的风险。

同一地块上存在多个权利人：除了夫妻和子女外，通常有多个人共同对同一地块享有权利。在每个权利人的份额这一概念与法律体系相关时，权利记录通常会表明每个权利人的份额。虽然记录管理机构应确保所有权利人彼此之间达成一致，但记录管理机构可以依赖权利人陈述而无需多加询问。例如：

- 两个或两个以上共同获得地块权利的人，如通过购买地块；
- 继承人，可能有多个未成年人（或其他人）继承同一地块。在极端的情况下，地块已经传了几代人，可能会有成百上千个人成为权利人，因为每个人都从其父母那里继承了一小部分对同一地块的权利；
- 组织和信托，受托人对地块享有权利；
- 未依法划分的公寓建筑物，每个人在整个建筑物中都占有份额；
- 分时度假胜地，每个人都拥有一小部分地块，每年有几周的住宿时间；
- 在大型购物中心或市场中有数十个甚至数百个独立商店的租赁；
- 家庭土地，其中可能包括大家庭对地块的所有权；
- 集体所有的习惯性权利，个人和家庭拥有特定部分供其专门使用和占有。

如果有多个权利人，记录管理机构必须决定要在记录管理机构中显示多少个权利人。有时，记录簿或计算机系统中存在空间限制，但是即使没有空间限制，记录多达数百个权利人的名称也是一项艰巨的任务，而输入所有权利人的名称可能会出错。所以一些记录表会对要记录的名称数量进行限制。这可能是由于法律的原因，例如在英格兰和威尔士，该法律将记录的名称限制为四名所有权人，又或者在斯里兰卡，多个所有权人必须任命一位地块管理人，而该地块管理人有权被记录在记录簿中。

记录管理机构也可以在管理上施加限制，只需要参考其档案中列出了所有权利人名称的另一份文件即可。例如，如果权利人人数超过可以记录的最大人数，则记录簿应将查看记录的任何人引向存档中保存的原始文件（例如继承证书或销售文件），原始文件中其中列出了所有权利人、他们的身份以及其依名称所持的份额。在这种情况下，登记簿可以简单地说明"请参考继承文件，编号12345678"，其中份额可以表示如下：A先生 1/6，B女士 1/2，C女士1/6，D先生 1/12，E女士 1/12，总计为1。份额可以用百分比或分数表示。

文盲：将文盲记录为权利人应无异议。他们与其他人具有相同的权利和能力，并且应该具有相同的身份证件。对于文盲需要签署或以其他方式授权交易的情况，现行法应提供其他形式的授权。这种形式可以包括允许使用叉号代替文档上的签名，指纹或生物特征识别（例如虹膜识别），或允许使用第三人的证词来确认权利人的身份。也可以通过委托书或法院命令进行交易。

残障人士：当权利人或多位权利人中的一位因丧失能力或残疾而不在场时，记录管理机构应当加以注意。有时，记录管理机构在识别无法沟通或无法签名的人（例如中风或肢体或精神残疾的人）时会遇到一些特殊的挑战。记录部门不一定知道权利人有残疾，但是当记录部门意识到这一事实时，应确保适用相关法律。任何地块交易均应遵守针对此类人员的法律规定。在某些情况下，这可能意味着需要指定一个或多个可以签名的受托人。在其他情况下，签名可以通过授权书或法院的交易授权获得。如果该权利人可以完全理解，则可以适用有关标记或指纹签名的法律。

法人实体：通常情况下，识别和记录法人实体（如企业或非营利组织）为权利人没有问题，但是人们现在越来越关注确认受益人的身份是否符合相关规定和程序，以应对洗钱和欺诈行为。与任何其他合法交易或活动一样，可以将法人实体简单地记录为权利人。记录管理机构应使用法人实体的章程、组织章程细则或其他基金会文件中所述的正确法律名称来准确记录。许多国家或地区还为法人实体指定了唯一的记录号，该名称中应包括该号码，以帮助识别法人实体并允许其他人从记录管理机构（例如公司记录机构）获取法人实体的相关信息。在进行任何地块交易时，应适用交易和代表法人签名的相关规定。如果法人实体破产或进入清算程序，则有关破产或清算的法律应说明谁可以代表该法人签字，并且只要有破产的证据以及受托人或管理人的任命，记录管理机构就必须适用这些规则。

非法人组织和信托：有些协会或信托（例如体育俱乐部、未成年人协会、私立社区学校和自然保护区协会）未合并为法人实体。

此时，通常将有关人员或受托人作为组织或者信托的代表记录为权利人。也可以将有关人员或受托人视为地块所有权人从而进行记录，但这会增加该组织欺诈的风险。

抵押：在记录抵押时，可以按抵押或贷款协议中所述的内容记录抵押人（贷方）的名称。这是因为抵押贷款通常是所有权人和贷方之间的私人安排，且所有权人应在出售地块之前将抵押解除。如果未将其解除，则无论抵押权人的姓名是否出现，新的销售交易都将受到抵押权的约束。无论如何，抵押权人的名字都应出现在抵押文件上，该抵押权人应该有一个唯一的参考编号，因此只要该抵押文件编号显示在地块记录中，就可以找到抵押权人的名称。记录抵押权人的名称很有用，这样当抵押解除、终止或变更时，可以立即识别抵押权人的名称，而无需核对原始抵押文件。

承租人：记录租约时，可以选择在地块记录中记录承租人的名称。这与抵押中的情形一样，因为如果在租赁文件中显示了承租人的身份，可以使用租赁文件的唯一参考编号找到承租人的身份。但是，将承租人的名称记录在记录簿中也很有用，因为这样做有助于在进行涉及租赁（例如终止，变更，延期，抵押）的交易中更容易且更快地识别承租人。

终身财产、剩余财产权利人、劳务权利人：在法律允许以这种方式拥有地块时，可以记录拥有终身财产或劳务的权利人的名称。记录应明确表明该权利人的权利仅存在于他或她的一生中。在终身财产或劳务的权利人去世后将其他人记录为权利人（有时称为剩余财产人）的做法也很普遍。但是，记录时应清楚表明，此人仅持有剩余财产，而不是全部所有权，并且他或她的权利直到终身财产所有权人或劳务权利人去世后才生效。

地役权：记录受益于地役权的人的名称并不常见，因为地役权会使特定地块而不是特定人受益。无论谁拥有该块地块的所有权，对指定地块的地役权收益将继续存在。结果是，显示供役地权利人的名称没有任何作用。虽然地块目前可能由 X 女士拥有，但将来可能由 Y 女士拥有。

相反的是，使用供役地的特定标识很重要。如果有人需要知道谁对该地块享有权利，则可以使用地块的特定标识找到相关信息。

或有权利人：通常记录管理机构不会记录权利尚未出现的权利人的名称。这种情形有现有权利人去世之前的继承权，以及在法院最终宣判离婚之前的婚姻状况等。由于权利尚未完全创建或转让，因此不予记录权利人名称，这就是为什么将其描述为"或有"的原因。权利是否存在取决于另一事件（例如死亡或法院命令），在此之前，没有任何人有权将或有权利人记录为权利人。但是，在某些系统中，可以通过记录有关或有权利的通知或警告来告知第三人可能会产生该权利。例如，一些政府在正式获得地块之前会先记录关于征用的通知。

未知权利人：记录管理机构有时无法找到地块的权利人（例如所有权人），虽然明知是私人权利，这可以通过将国家或地区记录为未知权利人的受托人来解决。如果此人后来被确认，则他或她应有权收回地块。

公共土地、渔场和森林：公有资源会引发各种情形。虽然可能有管理建筑物、土地、渔场和森林的机构，但人们可能不清楚哪个机构负责特定的地块，又或者，人们可能仅知道国家或地区一级而不是地方一级的相关机构。我们需要与代表国家或地区利益的地方机构（例如地方政府、检察院和税务局）合作以找到可以确保国家或地区权利不受侵犯的适合代理人。国家或地区代理人同样适用于确认地块边界。如果没有国家或地区代理人保护国家或地区的利益，那么人们可以轻松地声称其权利延伸到实际边界上并延伸到国家或地区的土地、渔场或森林。

3.6 地块

权属权利与地块相关，地块是三维对象，因为权利可适用于：

- 土地表面，用于耕种庄稼、放牧牲畜、种树、建房等；
- 地下，用于采矿、铺设管道或铺设电缆、挖掘隧道、建造地下购物区和停车场等；
- 地块上方的大气空间，用于建造多层建筑物或道路上方的空中步道，以提供建筑物之间的通道等。某些国家或地区会限制建筑物的高度，但允许将未达限制高度的建筑物的剩余大气空间转移给另一地块，从而使另一地块上的建筑物超过限制高度。

3.6.1 地块的大小和形状

地块的大小和形状可能会有很大差异。一些地块通行权的适用范围长达数百公里，如西班牙的地块地图所示，有一条在冬季和夏季牧场之间的季节性迁移放牧路线。在其他地方，季节性迁移放牧路线可以连接在雨季和旱季使用的地块。私人牲畜牧场可能非常庞大，其占地会超过数十万公顷（例如，澳大利亚的一个牧场占地 23 000 平方千米），但这些牧场可以组成相连的地块，而不是一整块地块。

记录机构必须考虑到其他规定中对地块大小作出的限制，例如空间规划法和地块细分法。虽然法律通常不会设置地块大小的上限，但是某些国家或地区仍会设置地块大小的上限。在许多国家或地区，购买超过阈值大小或价值的农业用地需要获得监管部门的批准，而其他国家或地区则禁止购买超过规定面积上限的地块。但是，国家或地区所设置的门槛和上限通常与个人所拥有的地块总面积有关，而与构成该面积的地块数量无关。

有时在空间规划和地块细分的规定中会规定住宅、农场和森林地区等地块的最小面积。这样一来，低于阈值的地块将不符合记录条件。尤其是在某些国家或地区，农村地区的高人口密度和非农收入有限，这可能会导致继承人继续细分一块地块而使每人所分得的地块变得越来越小。在地块过小而无法记录时，权利倾向于从法定权利变为非正式权利。而其他国家或地区则对可记录地块的最小面积没有限制。

3.6.2　地块的边界

一个人可以对一块地块享有权利，但不能对相邻地块享有权利。地块之间的边界表明了权利适用的空间限制。权利可以适用于这里，而不能适用于另一处。记录管理机构记录中所界定的边界将代表实际边界。

地块的拐角可以是在地面上专门设置的作为拐角标记的物体（例如钢管、杆或木桩、混凝土柱）或其他被识别为拐角标记的物体（例如树、栅栏、建筑物角落）。在发生自然灾害的地区，自然灾害发生后可能需要重新评估标记的位置。地块的边界可以标识为两个地块拐角之间的一条直线，也可以标识为物理特征，例如墙或树篱、标记道路和水体。

人们有时将边界描述为"一般边界"或"固定边界"。这些术语可能会引起混乱。"一般边界"一词最初起源于英格兰，其依据是当时用来标记地块边界的特征；即墙壁、篱笆、树篱、沟渠、溪流和道路。"一般边界"只是意味着未识别出确切的边界线（即未明确边界线，但可以是任何位置的特征，例如墙的中心或一侧或另一侧）。"一般边界"与"固定边界"相对应，"固定边界"指已界定了精确的边界线，例如墙的中心。在其他国家或地区，固定边界的概念有所不同。例如，当第二次勘测与第一次勘测一致时，可以将边界视为固定边界。随着时间的流逝，"固定边界"已经与地块相关联，在这些地块中，标记已放置在拐角处，边界是可以在标记之间绘制的一条直线。

在出于记录目的（例如首次登记）识别地块时，人们有时会争论地块边界应为一般边界（这意味着应使用树篱等物理特征作为边界）还是固定边界（这意味着标记应放置在地块拐角处）。在实践中，这两种边界类型都可以在同一系统中使用。在地块上的物理特征（如树篱）已经标记边界的情况下，接受这些特征作为边界会更简单、快速、便宜。如果要开辟新的地块并且地块的边界上没有物理特征，可以放置标记以显示地块在地面上的界限。例如，卢旺达在同一系统中同时使用一般边界（例如树篱等）和固定边界（即放置标记）。

就诸如水上租赁之类的水体权利而言，划定边界通常是不切实际的。作为替代，可以用坐标标识边界。

3.6.3　地块地图与勘测记录

在记录系统中对地块的描述是对地面上或水体中（在渔业和其他与水体有关的权利的情况下）包括地面上及地面下的所有物质。

一组属性是该地块相对于周围地块，地形特征（例如道路和水体）及其整体位置（通过使用坐标）的位置信息。位置的其他要素包括街道地址和相关的行政辖区。另一组属性涉及地块的大小和形状：面积和尺寸。

地块地图：记录系统中最重要的要素之一是地块地图。地块地图可以显示地块彼此之间的位置，并且每块地块都有唯一标识符，该标识符通常由数字或数字和字母的组合表示。

传统上，在使用地面技术对地块进行勘测后才会绘制地块地图。某些国家或地区会对地块进行系统勘测，这使得在勘测时就可以编辑地图（通常称为地籍图）。在其他国家或地区，勘测针对的是单独的地块，并且是分散进行的。因此，地块地图的绘制要晚得多，只有当技术发展允许将单独的勘测汇入共同的坐标系时，人们才绘制地块地图。大不列颠及北爱尔兰联合王国的英格兰和威尔士是一个示例，英格兰和威尔士未对地块进行单独调查，而是使用由国家或地区测绘机构绘制的综合大规模地形图来描绘地块。

如今，人们通常使用正射影像绘制地块地图，并且，最近人们不使用详细的地面勘测就可以使用卫星图像绘制地块地图。人们可以用具有良好空间分辨率影像的地形特征（例如建筑物、道路、绿篱和水体）来评估地块边界的位置，用来在"地块索引图"上作出标示。这些地图提供了有关每个地块的形状、位置以及与其他地块的关系的标示，并且使用每个地块的唯一标识符来标识每个地块。但是，正如使用"索引"一词所表示的，这些地图没有提供有关边界测量的详细附加信息或表示地块拐角和边界的特征描述。

地块索引图应足够准确，以避免出现严重的错误描述和混淆。例如，当使用未经校正的航空照片（具有不同程度的变形）来识别地块时，会出现严重的错误描述和混淆。但是，经验表明，记录系统正常运作并不需很高的空间精度。在大不列颠及北爱尔兰联合王国的英格兰和威尔士，其地名方案基于城市地区 1∶1 250 比例尺的地形图（其中地图上的线宽代表地面 0.3 米）；农村地区比例为 1∶2 500（地图上的线宽代表地面 0.6 米）。

以及山区比例为 1∶10 000。虽然地块索引图不需要高精度，但随着诸如全球定位系统（GPS）之类的全球导航卫星系统（GNSS）的技术进步以及新一代卫星的出现，人们可以以更实惠的价格提供分辨率为 0.3 米的图像。

其他勘测记录：许多国家或地区要求对地块进行勘测以符合规定的标准后，才能进行记录。要求通常包括由有执照的测绘人员按照测量法规中规定的标准进行工作。地块测绘产生的测绘记录必须要提交给记录机构。在某些国家或地区，勘测记录只是最终的勘测计划，而在另一些国家或地区，它们还包括勘测所得的观测值和计算结果。这些详细的记录信息可以为重新确立地块边界或何时细分地块提供有价值的依据。

在需要对地块进行详细勘测时，如果实践运作良好且所有人都能轻松获得并负担得起相关服务，则可能无需更改程序。但是，如果由于测绘人员人数的限制而使调查进展缓慢，或者成本太高而导致许多人负担不起这些费用，则应重新审核此类要求。在这种情况下，应采用更具成本效益的替代方案，例如在不对单个地块进行勘测的情况下创建地块索引地图，以及利用辅助测绘人员。在这种情况下，国家或地区可以着手准备地块索引图，以进行权利记录。并且如果出于某种必要原因，国家或地区可以对单个地块进行更精确的测绘（请参见第 4 章"系统登记"中"识别地块"的讨论）。

4 首次登记

　　如果首次创建登记处，或是希望其扩大新领域和新类型权利的
服务，则必须获取要记录的权利，持有人和地块的信息。由于信息
是首次输入记录系统，此过程通常被称为"首次登记"。本章将介绍
可用于首次登记的登记处的选择。有时首次登记这一术语也可用于
进行现有记录系统到新记录系统的转换。《权属权利记录的改进
指南》的配套指南中涉及这种类型的首次登记。

本章重点

- 首次登记是指首次将有关权利、持有人及地块的信息识别并输入记录系统的过程。

- 首次登记有两种选择：一是系统的方法，作为计划的一部分按地区逐个记录所有持有人的权利；二是分散的方法，在个别持有人申请记录其权利和地块时，逐案记录其权利。

- 系统登记是一个更加公开的过程，其有多个制衡，且每块地块的成本更低。分散登记不是一个公开的过程，因此，检查信息时需要更加小心。此外，分散登记中每块地块的成本更高。

- 系统登记可以在相对较短的时间内完成大面积记录，而分散登记则需要花费数十年才能识别并记录所有权利、持有人和地块。

- 系统登记的过程遵循一系列已在世界广泛使用的步骤，这一顺序已在世界广泛使用。首先要进行公示，然后对地块、持有人和权利进行调查，接着公开展示结果和申诉期限。该过程通过声明工作完成，并在某些国家分发登记证书而结束。

- 首次记录习惯权利，特别是同一块地块存在多项权利的情况下，需要进行特殊考虑。社区和个人所有权可以共存，但需要特别注意的是应确保记录个人的习惯权利不会消除他人共有的习惯权利。

- 在开始首次登记计划之前，制定法律框架，制定争议解决机制，明确定义官员的角色与责任，以及明确记录的流程都是非常重要的。此外，与拥有权利的人进行沟通也至关重要。

- 首次登记期间难免会出现错误，因此，必须从一开始就制定纠正错误的程序。

- 为了使记录系统具有可持续性，需要尽早建立程序和行政服务。权利、持有人和地块的变更都可以在首次登记后立即进行，如果持有人无法记录变更，记录系统很快就会过时。

4.1 首次登记的选择

在首次登记时，权利、持有人和地块被正式识别，然后被首次记录。首次登记可用于记录各种类型的权利、持有人和地块，如地块权属权利（包括建筑物和公寓所有权）、渔业权属权利和森林权属权利，以及其他权利，如水权、交通工具所有权（如汽车、船舶和飞机所有权）或是使用工厂和设备的权利。

首次登记的过程与后续交易（如销售、赠品、抵押贷款、租赁、继承）的记录以及已记录的权利、持有人和地块变更（如细分与合并）形成对比（详见本章"首次登记后"）。

在首次登记的某些情况下，这些权利长期具有法律地位，但尚未在记录系统中正式记录。在这种情况下，首次登记的重点是确认创建可靠记录的权利。

在其他情况下，首次登记遵循政府创建或更改权利的其他流程（如分配或重新分配地块权或地块合并）。例如，东欧和中亚的许多国家都制定了地块归还计划，公寓以及集体和国有农场的私有化计划（通常包括细分地块和分配地块给前成员）。实现私有化并归还地块后，有关新权利、持有人和地块的信息记录在登记处。这些情况随着新的权利类别（如水权）的创建或分配而进行着，然后再进行记录。

另外，首次登记遵循对实践中（事实上）但不在法律（制度）中存在的权利给予法律承认的过程。例如，在同意习惯使用权法律地位的改革之后，在官方系统中记录习惯权利才成为可能。习惯权利没有改变，但有资格被记录下来。以类似的方式，随着非正式定居点的正式化，新的法律可以以非正式权利为基础，创造出新的法律权利，并记录这些新的正式权利。

传统意义上讲，首次登记是借助下列两种方法之一来进行的。

- 系统登记，即按地区进行工作，对每个地块逐个进行调查，直到所有地块都能得到确认和记录。它通常是通过政府计划完成的（详见本章"系统登记"）。
- 分散登记，指工作逐案完成。是否以及何时记录地块和权利的决定取决于每个持有人（通常是主要权利持有人，但有时可以由抵押权人或特许权人等子权利持有人申请）。持有人负责提交首次登记申请，并提供所有必要文件（例如地块说明，通常由测量师编制的调查计划）和权利证据（如所有权、租赁、抵押、地役权，通常由律师准备）。

因此，首次登记通常发生在政府主动实施系统登记计划的国家，或者在一些人能够承担分散登记费用的国家。在没有政府主导的系统登记计划的情况下，穷人基本上无法承担获得记录权利的时间和成本。

另一种方法是国际非政府组织与国家非政府组织合作，通常在慈善基金会或捐助机构的财政支持下，准备和提供必要的信息，以便登记处能够轻松便捷地记录下来。这种援助使社区居民能够确定自己的权利和地块界限，并准备调查计划、地图和其他文件，以获得政府机构权利证书并记录其权利。这样一来，无法参加传统分散登记的贫困人口就可以得到所需的支持，使他们的权利得到法律上的承认和保护。这种方法与系统登记类似，因为它侧重于与社区合作并给予参与者支持。

在所有情况下，都应制定明确的法律框架和一套制度和运营安排，以便首次登记。法律需要明确程序将如何运作以及官员和持有人的权利和义务（详见第 6 章"登记法"）。此外，应该预期权利、持有人和地块的相关信息的识别将带来一些潜在的冲突。识别和解决冲突的方法应该是首次登记过程中不可或缺的一部分。

公众审查：由于系统登记是逐个地区进行的，因此应同时确定和标识社区中的所有权利主张。其结果可以公开显示，以便所有社区成员都能够同时查看地块所有权，这有助于确保记录正确反映所有人的权利（详见本章"系统登记"）。

在分散登记中，逐案处理意味着应用程序几乎没有关于相邻地块及其权利的信息，通常也没有有效的公开展示程序。登记处最多会在报纸上刊登广告，并可能在地块上贴上标志，让所有人知道持有人将被正式登记，并在适当的情况下提出上诉。如果在通知期结束前未收到任何异议，则记录地块和持有人的相关信息。公众审查程度的降低意味着即使经过了登记工作人员的检查，分散登记仍可能出现错误、腐败和欺诈等现象。

费用：系统登记能够带来效率。例如，两块地块间的边界只需要绘制一次，并且可以通过事先编制索引图而不是对每块地块进行详细调查来降低费用。由于规模经济，记录权利、持有人和地块的单位费用相对较低，但各国家通常在所有或大部分地区引入系统登记，因此总费用很高。系统登记的费用通常由政府承担（虽然有时得到国际金融机构的支持），其作为一项公益事业，惠及整个社会。权利持有人通常是自由的。由于详细程度、所涉活动和当地成本的不同，系统登记的费用为卢旺达的 5 美元或吉尔吉斯斯坦的 10 美元以下，也有其他地方的每个地块 200 美元甚至更多。

对于分散登记，由于没有规模经济，导致其单位费用较高，因此，覆盖所有地区的总费用也将较高。然而，国家通常不支付这项费用。相反，被记录地块和权利的人通常必须支付调查费用，准备文件的法律工作费用以及向登记处调查申请和记录结果的费用。尽管个人可以独自完成所有工作，但收集信息，制作程序和处理登记也需要花费大量的时间和精力。从专业人员和登记处收取的费用来看，总费用将因国家而异，但通常相当于一个人几周的工资。

提供全面覆盖的时间：如果目标是允许所有人记录他们的权利，系统登记的逐个区域方法允许记录在相对较短的时间内完成，尽管总时长取决于国家的规模、持有人和地块的数量以及资源可利用性。作为一个快速计划的例子，卢旺达大约需花费五年时间对 1 000 多万地块和 80 多万种产权进行系统登记。首次登记的分散办法是一个缓慢的过程，特别是在只取决于持有人利益的情况下。即使在某些情况下强制要求登记（如销售、租赁、继承和抵押贷款等都需要进行记录），在记录所有地块和权利之前仍需要花费数十年甚至数百年。

4.2 习惯权利首次登记的特殊考虑

一个全球性的现象是，法律上越来越多地承认土著人民和其他拥有习惯使用权的社区的权利。如何记录这些权利以及所涉及的问题可能有很大不同。例如，在习惯使用权下拥有的资源占少数的国家（如澳大利亚、加拿大和新西兰）与习惯使用权是获得地块和其他自然资源的主要途径的国家（如非洲和太平洋岛屿）之间存在重大差异。在第一类中，习惯权利的纳入是一种渐进的变化；而第二类，记录习惯权利意味着必须建立或调整记录系统，以解决大多数人的权利。

妇女权利的记录应受到特别关注。因为在许多情况下，记录妇女权利需要回答谁是社区成员的问题。在妇女嫁入某一社区后，通常不能直接拥有权利。加强妇女权利的宪法和法律改革经常与长期存在的习俗相冲突，在这种情况下，需要将改革带来的变化纳入习惯制度。即使法律承认妇女是习惯权利的持有者，但根据其他形式的使用权的经验来看，除非她们在法律和登记处的记录中被明确承认是权利持有人，否则她们将继续被边缘化。

4.2.1 登记权利确定

各国颁布了越来越多的保护习惯权利的法律，无论这些权利最终是否被记录下来，许多国家仍对记录这些权利很感兴趣。记录权利可以给个人和整个社会都带来好处，但是有时也需要谨慎行事。例如，在需要赔偿和权利迅速转变且薄弱的情况下，权利应当更新且多变（详见第2章"是否任何地方都需要记录系统以及是否所有权利都需要记录"和"权利记录的益处"）。特别是，传统的地块权属权利可能是复杂且互相关联的，在这种情况下，人们和家庭可以对特定的作物种植区域拥有个性化的权利，而其他社区成员也继续对这些地区拥有权利，如通行权，该区域的水权或收集柴火的权利（详见第3章"所有权形式及对其他权利的影响"）。

记录的权利类型应该与受益人（持有权利的人）一同确定。如果只记录了一些权利，那么应格外注意避免其他未记录的权利被消灭。例如，如果一些习惯权利没有被记录，法律框架应该明确指出这些权利仍具有法律效力，并不会因承认和记录个人习惯的使用权和所有权而消失。这点特别重要，因为这些未记录的权利由社区中较为弱势和边缘化的成员持有。此外，应注意提供支持，防止这些未记录的权利在现实中消失，尽管这并不合法。例如，使用权持有人或所有人修建边界墙，阻止他人进入地块并享受其习惯权利。

可能记录的权利包括如下所述：

社区拥有的区域权利：记录社区专用的区域权利有助于提供宣传和保护，防止他人（包括政府）未经授权使用该区域。如果社区拥有该区域的所有权，则该地块应像其他地块一样被记录，所有人在某种程度上被确定为社区的法人。

在其他情况下，该社区使用的地块归他人所有。例如，非洲大多数森林合法归国家所有，事实上，森林是由社区通过习惯使用权进行使用和管理的。在这些情况下，社区权利则是所有权以外的东西，如保管权。除非国家致力于改革，否则该地区的所有权将会转让给社区。

社区部分区域可能记录的权利：人们越来越关注记录个人或家庭用于种植和居住的具体用途的权利。多个国家规定，这些权利应单独或共同持有，永久且可以传承，并在社区允许的条件下转让给其他国家。根据国家的不同，这些权利可以作为习惯所有权或某种使用权的形式（详见第3章"所有权形式及对其他权利的影响"）而存在。这些习惯所有权和习惯使用权的权利、持有人和地块可以相对容易地确定和记录。

除了个人与家庭对社区特定区域的权利之外，还存在着其他一些附属权利，如放牧牲畜、收集柴火、捕鱼、狩猎和获得水的权利。这些附属权利通常存在于社区区域的公共部分，但也可以存在于分配给个人和家庭特定用途的部分。附属权利可能比习惯所有权和习惯使用权更难以记录。在记录习惯所有权和习惯使用权的情况下，必须注意确保在记录权利、持有人和地块的相关信息时，附属权利不会无意中消失。例如，附属权利可以定义为优先权（详见第3章"权利"）。

此外，社区可以通过租赁将地块分配给非社区成员，用于居住（通常在受城市扩张影响的地区）或商业用途，例如寻找农业投资用地的投资者。

社区共享区域可能记录的权利：社区通常不是孤立的、独立的团体，它们只管理成员集体或单独拥有的权利。在许多情况下，除了一个社区及其成员专用的区域外，还可以有其他区域与其他社区共享。

4.2.2　确定所采用的程序及系统

首次系统登记应采用参与式程序，这对习惯使用权的首次登记至关重要。与此同时，和社区成员、男性和女性以及领导人合作也十分必要。

记录习惯权利通常需要允许口头证据和其他形式的证据（如澳大利亚土著人提出地块索赔时，社会学家所提出的主张）。记录的所有相关方面都应该接受此类证据：权利的性质和范围、持有人（包括份额和多个持有人）、地块和边界。

如果要记录社区内的权利，则存在多种可能性。一种选择是社区保留社区区域内的有关权利、持有人和地块的记录。在这种情况下，国家记录系统只适用于社区对其区域和边界的权利记录，边界内的一切都被视为社区的内部事务。

另一种选择是记录在国家记录系统中的各个社区成员的权利。然而，只有在个人所有权或使用权永久、可继承和可转让的情况下，才可以实现。但对于附属权利，特别是允许社区成员不受限制地获得某些资源的权利来说，这是不可能的。

帮助人们记录其权利的项目可以发挥重大作用。智能手机、平板电脑和开放源码软件等技术发展有助于降低首次登记习惯权利的费用，还可以帮助许多人更容易理解的方式提供有关权利的信息（如使用航空摄影或卫星图像作为背景）。通过这样做，他们有可能帮助改善数亿人，包括那些较为弱势和边缘化的人的使用权保障。

然而，特别是在有很大比例的人口没有得到正式的权利管理制度服务的地方，采用成本效益高的首次登记方式的项目只能满足获得权利记录的最初挑战。目前的挑战是在首次登记方案完成后，建立一个管理这些权利的可持续的系统。全世界的一个普遍经验是，如果某人的权利在首次登记方案中有记录，或地块的转让没有记录，那么继承人往往不会采取措施更新记录。为了确保人们继续使用记录系统并从中发现价值，需要使用简单、成本效益高且易于使用的方法来维护记录系统（详见《权属权利记录的改进指南》）。

参 考 文 献

联合国粮食及农业组织 . 2014. 尊重自由、事先和知情同意（available at www. fao. org/docrep/019/i3496e/i3496e. pdf）.

联合国粮食及农业组织 . 2016. 改善牧地治理（available at www. fao. org/3/a-i5771e. pdf）.

联合国粮食及农业组织 . 2016. 管理公地权属权利（available at www. fao. org/3/a-i6381e. pdf）.

4.3　降低首次登记失败的风险

有许多首次登记计划没有成功实现其目标的例子。降低失败风险的一些方法如下所述（详见本章"系统登记"）。

失败的一个常见原因就是缺乏充足的准备。首次登记方案通常由于政治和其他的压力的原因而很快开始。这些方案花费高又复杂，特别是当需要新的记录系统时，如果在开始就匆忙进行首次登记，就会出现问题。在准备首次登记时，应考虑以下几个方面。

准备好框架： 首次登记应在所有维护信息的工具到位并发挥作用之后再开始。例如，法律法规、登记处和记录系统应该存在（详见第 5 章和第 6 章），人们应该能够在首次登记后立即记录变更（详见本章"首次登记后"）。在开始首次登记实地工作之前，应调查权利信息情况，收集并评估相关部门保存的所有现有资料。首次登记的质量标准和质量控制方法以及步骤需要在工作开始前准备好。同时，需要建立争端解决机制。

确定角色、责任和建设能力： 在首次登记期间，需要一个机构，如委员会，就权利、持有人和地块作出决定。该机构应该有其业务所在地社区的代表。它应该拥有最终权力，因为它批准的信息可以被记录，无需进一步调查（在实行公证系统的国家，该机构将取代公证人）。如果索赔人之间存在分歧，该机构最好进行调解和仲裁，但是如果有必要的话，它应该能就冲突作出决定，当事方有权向上级委员会或法院提出上诉（详见本章"系统登记"）。

一个共同的选择是登记处在临时工作人员的支持下开展核心活动，如持有人和边界的确定，法律文件的有效性和调解。首次登记的技术方面经常外包给私营公司。为了借鉴当地经验，投标过程的财务和其他要求不应该排除小型本地公司参与投标。首次登记开始时，所有人都应该具备执行任务所需的能力。例如，登记处应该能够监督工作并进行质量控制。拥有权利的相关公共机构应该具有必要的能力来保护其利益并积极参与。因此，对所有相关人员进行培训是至关重要的（详见《权属权利记录的改进指南》配套指南中的第 6 章"改善工作人员资源"）。

定义流程： 应准备好明确的手册以指导工作的各个方面，包括处理特殊情况。应确定要记录的权利（详见本章"习惯权利首次登记的特殊考虑"）。所有权通常是首次登记的重点，但更重要的是注意其他权利，如个人使用权，共同使用权或地役权。

应规定提交文件的最后期限，以避免进程中的长期拖延，但完成工作的需要应与适应过程的需要相平衡。不符合固定的最后期限的当事方将被排除在外，但如果有许多问题出现，最后期限可能需要调整，并需要为提交文件有困难的人制定替代措施。

有效的沟通至关重要。所有的公共机构和所有其他拥有权利的人（包括政府代表）都应该得到适当的通知，以便他们采取行动。宣传活动需要考虑男女获得信息的方式的差异，此次活动应该确保所有权利持有者理解权利的含义、过程的目的以及运作方面。公众对工作和最终结果的信任取决于参与的过程和透明度。

为了完成首次登记的目标，过程应尽可能地简单，只应要求提供必要的文件。邻里在实地商定的边界比精确测量的地块更为重要，同时，需要制定相应的首次登记标准，并被测量专业人士和其他人士所接受。一个适当基于网络的信息通信技术应用程序可以提高效率，并允许登记处在其工作时进行监督。信息通信技术应用程序可用于管理信息，包括委员会等机构的批准和将信息转移到记录系统中。

4.4 首次登记后

系统的首次登记方案完成后，工作仍不会停止。无论过程有多好，都会有错误需要纠正。首次登记之后，需要立即更新记录以反映变化。

4.4.1 纠正错误

执行首次登记的程序通常会在很小的程度上产生错误和差异。造成这种情况的原因有很多，如没有权利持有人，没有完整的继承文件，有无法解决的争议案件，以及简单的办公或程序错误。尽管这些方案是为了创建完全可靠的记录，但应认识到即使有最好的质量控制流程，也会出现错误。

首次登记方案应包括处理总是出现的错误和遗漏的机制。一些例子包括：

- 将登记处记录的与其他来源（如地方政府或税收记录）的信息进行交叉核对，以确定差异，然后作出相应更正（并适当通知可能受影响的人）；
- 有允许人们报告错误并免费纠正记录的管理程序；
- 法律中的声明：在经过一定时间或地块至少出售一次之前，记录都不能被视为完全可靠。

应鼓励人们用记录报告错误和其他问题，并简化这样做的过程。互联网访问记录允许这种情况大规模发生。例如，乌克兰鼓励人们审查数字记录并报告差异，以便及时纠正。门户网站上约有 1 600 万份的地块记录，第一个月，公众进行了 60 万次检查，提出了近 11 000 次的纠正错误的要求。两周之内，已经进行了 7 700 次更正。之前在克罗地亚成功实施了类似的方案。如果不能通过互联网进行广泛访问，移动办公应提供可以访问偏远地区的数字信息以及传统的纸质地图。

4.4.2 更新记录

登记处应准备在首次登记完成后立即更新记录。

权利变更： 对于随后的登记，权利的识别通常是常规的，其中首次登记中记录的权利将被转移、抵押、租赁或继承。如果权利不曾变更，则无需进一步考虑。但是，有时会发生一些事情，对现有权利的质量提出质疑，从而减弱持有人将地块转让给他人的能力。可能出现的问题取决于系统的法律规则，但实例包括继承过程中未解决的诉讼、问题或争议，未记录抵押贷款的还清以及未缴纳财产税或其他应付款项的，根据国家的宪法，可能需要通过行政或司法渠道采取纠正措施，来纠正这种情况并提高权利的质量。

变更持有人： 在如更改姓名（包括结婚、离婚，公司或信托的重组）等情况下，如果有一种简单的方式可以让人们更新记录中显示的姓名，将具有重要意义。而这可以通过以下方式实现：人们可以在上面显示曾用名和新名字，并提供更改的证据（例如结婚证书、离婚证书，法院命令，更改受托人的契据）。这不是交易（例如出售或租赁），而是对登记簿的行政变更。在法律允许的情况下，对性别的改变也是如此，并将其记录在登记处中。如果与民事登记处和公司登记处有联系，则可以通过自然人和法人的唯一标识符，实现自动更改登记人的记录。

地块变更： 后续登记（例如销售、租赁和抵押）通常不需要更新土地信息。相反，地块不变，而持有人在改变。但是，有两种情况需要更新土地记录，并通过更新土地索引图来反映。

一种情况是地块的合并或兼并。拥有两个或多个相邻地块的人可以决定将它们合并为一个地块。例如，此人可能想要建造一座建筑物来作为边界线。通过行政方式是最简单的方法，在地图或平面图显示一个具有外边界的新地块；实际上，内边界已被抹除。这样的话，使用已经批准的原始地图或平面图就足够了，无需进行实地调查。应停用原始地块的唯一土地标识符，并为新合并的地块创建新的地块标识符。地块的合并有时会影响其他权利，例如地役权以及通过习惯权属产生的通行权。例如，在合并两个地块的情况下，一个地块上有利于相邻地块的通行权可能被取消。

个人所有者有时会在利益驱使下，对同一所有权下的相邻地块进行合并。但是，它可以通过政府项目有系统地进行，如农村地区（农业和森林地区）的土地兼并和城市地区的重新调整等项目。

第二种情况是地块的细分，有将一个地块一分为二的简单情况，也有将一个大地块（例如农场）分成数百个用于居住的包裹的复杂情况。在某些情况下，可以先将几个地块合并为一个大地块，然后再细分为新地块，因为合并为单个大地块可以更好地布局新地块和基础设施。在进行细分和记录新地块时，细分通常需要获得监管部门的批准，而登记处通常需要在记录新地块之前获得批准的文件。登记处通常需要新地块记录前许可已被通过的文件，当地块被细分，登记处应停用该地块的标识符并将新编号分配给所有新创建的地块。

细分可能会影响其他权利，例如地役权以及其他类型的通行权，尤其是那些只影响原始地块一部分的权利。在这种情况下，地役权可能会影响一个新地块，但不会影响另一个地块。了解现有地役权的位置可以简化任务。例如，在地役权仅适用于部分地块情况下，荷兰早期的做法是记录某一地块有地役权，而不指明具体的部分。当地块拆分，新地块之间的关系不明晰，因此对程序进行了调整。细分还可能需要创建新的地役权，例如提供对新地块或公用事业线路的访问权限。

4.5 系统登记

系统登记通常被视为创建新系统时的良好做法，但若覆盖整个国家可能需要数年的时间。在尚未实行系统性首次登记的地区，可能必须使用零星的首次登记。

系统登记通常由政府在一个方案中进行，以便相对快速地记录大量地块。在某些情况下，政府机构负责确定权利和地块，并签发权利或地块的所有权和证书。这种情况通常发生在首次分配法定权利的情况下，例如私有化或非正式权利正式化的情况下。在这些情况下，登记处的作用是在所有权发行后立即予以记录。在其他情况下，登记处可以在确定权利和地块以及记录这些权利和地块方面发挥主导作用。

由一个机构负责颁发所有权或是证书，另一个机构（登记处）负责记录，这样的好处是提供了制衡机制，登记处在记录所有权之前确认其正确性。但是，在所有权机构与登记处之间存在着缺乏协调的问题。此外，如果有多个所有权机构，缺乏协调可能会导致不同的机构为同一个地块向不同的人授予所有权。因此，有必要与登记处密切协调，以确保所颁发的所有权和文件能够得到记录。

通常来说，有必要将至少一部分工作外包出去，要么雇用个人，要么将整个活动外包给一家公司。但是重要的是，登记处必须在监督过程等方面发挥作用。

系统登记方案的优先事项

在系统登记方案中，政府通常采取一系列计划，将所有地块按区域逐一记录，并根据现有资源在五年、十年或二十年等特定时间范围内进行记录。每个区域的大小也取决于资源的可利用性，特别是有进行登记所需要的技术人员。

考虑的问题是要登记的地块类型。例如，工作可以从有价值的地块开始，也可以从经常交易的地块开始，如大城市地区的地块。或者，为了保护弱势群体的权利不受侵犯，首次登记是很必要的。所以，社会公正是首要考虑因素。

一个好的办法是在一系列地区开始首次登记，例如城市、近郊地区（特别重要的是因为这些地区变化很快）和其他农村地区，并以一系列受益人为目标。这样，记录权利的好处就可以惠及所有人，也可以解决"精兵强将"记录利益的问题。

效率是决定资源分配的另一种方式。采用这种方式，可以优先考虑已经对权利、持有人和地块进行调查的情况，例如：

- 在大块地块被细分、出售或以其他方式分配之前；
- 正在创造新权利的地方；
- 地块被政府征收、合并或分配为新地块，通过再分配改革重新分配。

系统登记的过程

在选定的地区进行系统登记，并在实地工作和调查记录之后记录权利、持有人和地块的相关信息。最后，该地区宣布完成，并在下一个优先领域开始系统登记。

过程的设计应该是简单的、开放的，公众都可以访问。在一个地区开始工作之前，将实施一项公众意识方案，向当地人通告这一过程，并就其如何使他们受益，如何参与以及需要提供哪些文件和其他证据提供建议。通过在公共和外联会议上向社区提供信息并使其参与，并提供其他形式的支持，可以确保公众参与、接受和结果的准确性。

技术工作通常由小型专家团队进行。拥有权利的人可以发挥重要作用，社区也是如此，因为社区成员可以帮助核实信息。早起的系统裁决方法往往是受技术官僚影响的且独裁主义的，裁决人员行使自己的权力（当时裁决人员总是男性），并召集索赔人确定他们的主张。现代方法是以社区为导向和参与式的。社区的权力被用于收集关于所主张的权力和地块的信息，以及用于验证这些主张。例如，通过公众审查其主张。

对权利、持有人和地块的调查（包括任何限制，如地役权和服务）利用现有的有关权利的法律文件（例如政府文件、销售合同、继承法令）和其他记录（如税收收据、投票券、公用事业账单）。然而，在许多情况下，这样的书面证据将不可用，拥有索赔权利的人、邻居和社区的证据则可以使用。

权利认定：不清楚或未记录的权利可能会带来问题。有些人无法出示完全符合法律规定的文件。例子包括对地块的权利不清楚或没有记录，特别是长期占有或占用产生的权利。人们有一些关于地块的法律文件，但缺少其他文件或有不完全符合法律的非正式文件。另一个例子是非正式的多持有人协议（公寓或院子），其中一组人或家庭在一块地块上占用两个或更多住宅，有时在院子或其他常用区域周围。但是，他们对地块的法定权利可能不清楚或不基于任何正式协议。

登记处在法律上应该能够接受有关个人权利的口头和其他形式的证据，包括长期占有权，并且可能需要在开始系统登记前更改法律。其他形式的证据可以包括与地方管理部门、地方领导人和社区成员确认事实，或通过参考其他来源，如税收支付、公用事业账单或投票券。在记录秘鲁非正规定居点权利的情况下，法律承认非正式文件中人们已经使用的非正式所有权证明，如市政管理部门财产税的支付收据，由警察或法官颁发的住所证书，与公众签订的贷款合同或是用于购买建筑材料的私人实体，抑或是相邻邻居的声明和转让占用权的合同。

如果所有权符合标准所有权的部分要求而不是全部要求，则可以发布有局限性的所有权（即受限的所有权）。新西兰和澳大利亚在转换为所有权制度时采用了这种方法，如果所有权没有受到质疑，局限将在十二年后（与通过不利占有获得权利有关的时期）自动消失。加纳允许颁发临时证书。

持有人认定：需要特别注意识别配偶、儿童、文盲或残疾人的持有人，持有所有权以外的权利的人，许多人是地块权利的共同持有人，其中无法识别所有人或其他持有人以及国家持有权利的地方（详见第 3 章"权利人"）。

旧文件通常只包含家庭负责人的姓名，而不能包含配偶或其他持有人的姓名。应该注意询问谁拥有地块权，并且在相关表格上留出可以写很多人的名字（不仅仅是家庭负责人的名字）的空间。所有权也应当由当地官员、领导者和社区成员确认。在调查过程中，如果两个或两个以上的人拥有权利并且法律系统允许，那么识别确认每个人的份额也很重要。此外，如果有两个或多个所有者，则需要确定和记录他们如何在他们自己之间保持权利的问题。也应该小心权利持有人缺席或移民的情况。

社会中的一些团体可能需要额外的支持，因为他们在首次登记时遇到了额外的障碍。例如，妇女、族裔、语言或宗教少数群体，以及其他边缘化或弱势群体可能在此过程中面临法律、文化、金融和其他形式的阻碍。可以采取措施来解决妇女的参与问题，这些相同的方法同样适用于其他群体。例如，登记处或其承包人应该：

- 与官员和工作人员进行提高意识和培训等活动，以便了解妇女面临的阻碍，所需的特殊步骤以及如何克服这些阻碍；
- 确保程序包括保护所有人权利的步骤，在表格上有空间记录所有持有人（不仅仅是家庭负责人），并且婚后双方拥有的地块记录配偶双方的姓名；
- 雇用男性和女性员工与持有人合作；
- 为妇女开展和传达信息会议，并确保任何宣传活动和出版物都以妇女为目标；
- 雇用妇女倡导者来担任妇女与登记处工作人员或承包人之间的中介人；
- 考虑到女性可工作的时间限制，并相应调整工作时间。

地块认定：识别确认地块应格外小心，以避免严重的误报和混淆，但不需要高空间精度，地块可以在地块索引图上显示（详见第3章"地块"）。首次登记的过程通常导致所有的地块具有相同的质量标准，即没有任何区别。但是，可以选择识别符合某些标准而不是所有标准的地块，并相应地在记录上进行注释。例如，当新西兰引入所有权制度时，它允许对现有调查的准确性低于转换时的标准的所有权进行"地块限制"。但是，许多所有者没有将他们的地块再调查以消除所有权的限制，这表明感知到较低质量的信息不会影响地块的使用。

另一个是记录面积和测量面积之间的差异问题。在一些国家，有这样的情况：法律上只承认地块在最初分配时（例如在私有化过程中）指定的面积，即使对这块地块面积的计算是粗略的。而首次登记过程中做出了更为准确的测量，但却被忽略掉。这种差异导致创建的地块地图不准确。例如，如果第一次登记的地块大小大于初始分配时记录的地块尺寸，则登记处须为超出的面积创建一个新的虚拟地块。调整地块的记录，使其反映实际情况，这是较好的解决办法。这种做法可能需要在系统登记之前，就以法律条款方式确立下来。

最终确定流程：专家团队准备一份调查结果报告，检查其准确性，并与其他信息（如地方政府记录、税务收据）进行比较，以识别欺诈性索赔。有关机构，如委员会，应就土地所有权持有人和边界所在地做出决定。决策机构通常由律师、测量师、行政助理和社区成员组成，其中，社区成员的加入对裁定权利较为重要。

应当对有关持有人、权利和地块的决定进行公开审查，公布结果，并鼓励人们参与审核。在社区中公开结果可确保记录正确反映所有人的权利，以及帮助识别欺诈性索赔。同步绘制一个社区的地块地图，可以使社区成员实时查看所有土地索赔。社区会议期间，可以将卫星图像的数字地图投影在屏幕或墙壁上，通过反馈来提高地图的准确度，如有需要，可以用发电机供电。

审查应提供一个程序，方便人们对结果提出上诉或异议，并应向穷人和其他特殊群体提供援助，使他们能够有效地采取行动。在允许上诉期后，异议得到解决并记录结果。工作完成后，通常会有一份正式声明来说明工作已经完成，而在部分国家，则是向每一位权利持有人颁发证书。

参 考 文 献

联合国粮食及农业组织. 2013. 人类土地管理（相关文件链接 www.fao.org/docrep/017/i3114e/i3114e.pdf）.

世界银行. 2016. 系统性财产登记：风险与救济（相关文件链接 documents.worldbank.org/curated/en/163361485942263162/Systematic-prop-erty-registration-risks-and-remedies）.

世界银行. 2016. 系统性产权登记：风险和补救-工具篇（相关文件链接 pubdocs.worldbank.org/en/870621470748209208/FINAL-WEB-Title-Registration-Toolkit.pdf）.

5 对于新记录系统的几点考虑

　　创建新的记录系统需要考虑系统和登记处的运行方式。需要解决的问题可能会层出不穷，本章旨在解决其中的一些问题。本章回顾了以下几个方面：系统安排、系统的法律基础、登记官的职能和资格、记录之前对信息的检查、记录的组织和存储方式，以及如何平衡好公众获取信息与保护个人隐私之间的关系。

　　其他与设计相关的问题在《改进记录权属权利方法》的配套指南中均有所涉及，其中包括以客户为中心的发展理念，办公室设计，管理安排，人员配备和培训，减少欺诈、错误和纠纷以及引入信息和通信技术。

本章重点

- 在系统安排上，登记处有许多选择。虽然它们都能运作，但经验表明，一个独立的登记处表现的会更好。
- 在设计一个新的系统时，有许多种方法使其运作，包括证据或结论性的方法、任命或声明的方法。没有最好的方法，因此各州需要评估哪一个方法更符合当地需求和条件。
- 登记官在任何记录系统中都是重要角色，他们必须要合格、诚实、独立以及享有不被追究赔偿的待遇，即使事故发生在他们卸任以后。
- 需要有人检查信息，以保证整个记录系统的完整性、真实性。虽说可以依靠那些在审查服务公共机构工作的专业人士来完成检查工作，但登记处必须有自己专门的审查人员。
- 登记处应该提供一个简单的反馈程序，这样可以鼓励人们报告记录中的错误和其他问题。
- 登记记录应包含具有唯一标识码的地块。通过标识码，可以查询到一切与之相关的交易。
- 档案信息及其文件是登记处的基础。人们十分关心文件的保护、储存和查阅等问题。
- 很难平衡好个人和公众对登记信息的查阅。信息通信技术的发展导致保护个人隐私的难度加大。应该如何处理这两条冲突的原则，每一个州都有不同的结论。

5.1 系统安排

登记处是最常见的政府机构，采取传统的服务提供者模式，即由政府资助和配备人员。登记处在政府中的存在形式有许多种，至于采取何种形式，则由历史、行政、政治和其他因素决定。以下是三种主要形式：

- 独立机构，在这种方式下，机构可直接向部长，总理或内阁报告情况；
- 部委的一部分，负责记录的司局或科室。例如，土地登记处通常是由几个机构组成，这些机构负责国家土地管理、测量、估价和其他与土地有关的活动。这时，土地登记处直接向部长汇报工作；
- 一个部委的内设部门，如一个处室或部门。例如，渔业登记部有时是渔业管理处的一部分，而后者反过来又可能是管理范围更为广泛的自然资源部的一部分。这样的一个处室或部门通过机构向部长报告。

除此之外，还存在私营部门（以公私合营的方式）提供登记服务或其他相关服务的情况。通常来说，登记处与私营企业联合推行改革（例如引入信息通信技术），并为私营企业所提供的服务付费。大多数合伙企业的经营方式都是特许经营，在这种特许经营中，私营企业提供服务并按时间收取相应的服务费。

尽管没有最优的做法，但经验表明，独立地位往往有利于登记处的运作。独立地位使登记处能够控制自己的财政预算，特别是当它能够保留部分登记费用的话。此外，随着技术的普及，各机构可以方便快捷而实惠地共享信息，因此，减少了对覆盖特定权属资源领域的机构进行分组的需要。无论采取何种方式，登记处都不应被政治压力所影响（参见《关于改进财务和其他管理事务权属权利记录方法指南》）。

5.2 选择该系统的运作方式

登记系统的设计人员在系统运行方式上有许多选择（参见本章"设计成果的选择"）。我们首要考虑的是权利转移问题。一种选择是，由法律规定，只有登记处记录转让文件后权利才能转让，文件只有登记转让后才有效。这种系统称为"构成性系统"；另一种选择是，转让发生在双方执行合同时。如，通过签署契约等转让文书。此时转让权利不需要被登记。这种运行系统被称为"声明性系统"。

第二个要考虑的是确定登记结果的地位。有几种可能的变化：一种选择是，登记记录能够作为证据使用，证明某人对地块拥有某些权利或默认地位。任何不同意的人都有举证责任，需要提供证据，以证明记录是错误的。这种类型的系统被称为"证据性系统"。另一种选择是，登记记录可以作为确证，证明某项权利的存在、持有该项权利的人和该项权利适用的地块。这些系统被称为"结论性系统"。

即便是选择"结论性系统"，设计者仍有几个选择。在一个"结论性系统"中，登记记录是难以被推翻的。然而，即使在一个难以被推翻的系统中，依旧可以选择。一种方法是登记记录在转让后立即变为不可取消，这是"立即不可取消"的规则。

但是，如果转让和登记所依据的文件是伪造的或在其他方面是无效的，会发生什么情况呢？在无法立即取消的系统中，新权利仍是结论性的。其他系统尝试用"延迟不可撤销"规则来解决这个问题。在有此规则的系统中，如果转移是基于伪造的文档，则登记记录是可取消的。然而，如果获得权利的人随后使用有效的文件将权利转让给其他人，新的转交记录则是不可撤销的，不可撤销性将移交到通过正当交易获得权利的人的记录中。

结论性的系统还有另一种可能的变化。这种方法为登记记录提供了不可撤销性，除非在特定情况下，比如文件无效，而持有者没有合法转移的权利，或者由于某种原因使占有不符合法律规定。在这样的案例中，记录不具备不可撤销性，甚至可以被推翻，而在这种情况下不存在诸如延期不可撤销的临时限制。

这些诸如构成性、声明性、证据性和结论性等不同方法存在于世界各地运行良好的系统中。没有一种类型是天生正确且优于其他类型的，任何类型的系统都应有效且高效地为他们的顾客提供服务。但没有系统是完全没问题的，所有的系统都会遇到错误，在运转良好的系统可能很少出现，但问题还是存在。比如一人丢失一个地块，而另一个在不知情的情况下买了那个地块。无辜的双方有哪一方能够继续拥有此地块？在做选择时设计师需要考虑两个方面。

首先，新系统采取的规则必须为公众所接受。哪一方（无辜的所有者或无辜的买家）可以保留地块的问题，并不属于技术问题，应该对拟议的系统规则进行公开讨论。第二，登记处和州应明确其承担的赔偿责任。登记处和州是否需要保证档案的质量？当人们因记录而遭受损失时，赔偿责任是什么？国家能承担的费用是多少以及该怎么赔偿？第三，规则必须符合国家的法制传统和制度。

构成性、声明性、证据性和结论性这些不同的系统规则使制度应对相同的情况会产生不同的结果。也就是说，看起来相似的系统在相同的情况下会产生不同的结果，看起来不同的系统也可能产生相似的结果。设计师应该理解其中的含义，并确保新系统的规则适合其设置（参见本章"设计成果的选择"）。

5.3 登记官

对于那些建立系统的人来说，还需要决定由谁来管理登记处，他们的责任、权力和资格是什么，以及考虑其他特殊因素，例如他们对错误的责任承担。

主登记官：主登记官负责登记处的运行。按照传统，主登记官必须有担任登记官的经历、公认的能力和运作登记管理机构的全部知识。越来越多担任主登记官的人具备管理方面的经验，如职业经理人或经济学家。这反映了主登记官的行政作用。经理人不必是专家，他可以将登记处视为一项业务来运作，登记处的长久运营需要以客户为中心。在其他系统中，主登记官是政务官，有时没有太多关于登记官的知识或经验，当政府换届时，主登记官也会换人。首席登记官承担一系列职责,如管理和领导组织,确保登记处在预算范围内达到其目标,批准指令和表格,以及在公众和政治人物面前作为登记处的代表。有些制度规定,主登记官可以将其决策权授权给登记人员。

登记官的角色和权力:登记官在系统中有着特殊地位,因为他们能够批准权利变更。虽然每种系统各有不同,但登记员检查、调查、应用法律和就每一项申请做出决定的职能在世界各地都是相似的。在某些系统中,登记官的性质与审判员相似,他们有印章、身份编码和其他职务标志,如果法律制度要求将官员的权力列入法律,则有必要详细列出登记官的权利。如有可能,可以通过部级命令或法规增加其他权力。除了基本权力外,登记处还应有权拒绝不符合规定的申请、作出更正(如符合特定条件)和核实证明文件。在其他法律体系中,尤其是普通法体系,登记官的权力不必一一列举出来,但是法律的每一项规定都应明确说明登记官有权做什么。同时,还需要密切监测登记员的权力,并不时加以修改,这样他们才能及时提供新服务和掌握新技术。

通常较为简单或常见的申请由副书记官或助理书记官处理。另外,在登记处接受过专门人员培训后,没有法律资格的人也能处理常见类型的案件,如果出现超出能力范围的问题,则将其转交登记官处理。就效率而言,让一小部分登记官监督助理工作通常更具效益。

登记官的资格:在许多系统中,登记官是具有多年实践经验的法律专业毕业生。有些登记处要求申请者通过专门的登记员考试。在其他系统中,履行登记官职能的人是审查员。登记官没有法律学位,但通过了特定的政府公务员考试。无论如何,登记官都要了解登记处的相关法律和实际运作。每个州都可以采取自己的方法来达成最低标准,且培训也不能落下。

特殊义务:鉴于主登记官及登记官的特殊地位,公众对他们有信心是很重要的。因此,有些州对登记官规定了某些额外的义务。例如,在卢旺达,登记官必须公开其资产并在公开仪式上宣誓就职。每年都要举行一次。如果登记官是审查员,其承担的义务与其他审查员相同。

独立性:登记员是否独立于总登记官、其他登记员、其他官员或政府成员,这一问题取决于他们是否有能力在适当的时候做出决定。决策的独立性是确保登记官不受外部因素影响的重要条件,例如上级施加的政治或经济影响,而这些因素在决定申请是否可以被记录上没有任何帮助。从这个意义上说,独立是一件好事。然而,登记官不应由自己的喜好作决定。当法律可以有不同的解释且登记人之间持有不同的观点时,问题就会出现。这可能会导致相似情况的处理结果却截然不同。主登记官应对整个登记处将如何解释法律做出明确指令,指令的具体内容将由一批受人尊敬和经验丰富的登记官拟订,这样其他登记员才会信服。所有登记员都应遵循这些指令。而相似案件以相同方式处理,可以形成系统的一致性，进而建立起公众对该系统的信心。随着新的案件和法律出现，这些指令也将与时俱进、随时修订（有关程序手册的信息，见《权属权利记录的改进指南》）。

登记官，尤其是主登记官是否应由政治任命。在这种情况下，他们是独立于政府的政客的。各州对这个问题采取不同的做法，有些州每次政府换届就任命一名新的主登记官，而在其他州，登记官则是当地选举产生的。另外，许多州认为登记员和主登记官是非政治性任命，因此政府只会因行为不端或疏忽而将其撤职。有时，法律会包含一项保障主登记官独立性的条款，但政府在实践中可能会忽略这一点。最有效，同时也能与政治问题保持距离的方法，是建立一个完全独立的登记系统。将他们与审查员相同对待，有助于建立公众对他们及其决定的信任。这也意味着主登记官应该是一个知识渊博且经验丰富的人，能够做出让人信赖的决定并且不受登记管理制度中无关紧要的日常政治因素影响。

责任： 在某些州，登记官应对其决定的后果承担个人责任，如果登记官犯了错，并且有人因此蒙受了经济损失，则该登记官需独自承担赔偿责任。这种做法背后的逻辑是，如果登记官知道自己会受到经济处罚，他们将严谨细致地履行职责，减少错误的发生。但是，这种方法会导致登记官在调查申请和做出决定时过度谨慎。他们有时会索取额外的文件和更详细的证据，以保证自己不会受到"没有采取所有必要措施"的指控。这不利于登记处运作和服务客户的效率，增加了业务时间，降低了客户满意度。这种低效率甚至会对经济产生负面影响。较好的办法是，在特定情境下（特别是在他们确实有过错时），追究登记员（和其他工作人员）的个人责任，并由登记处负责处理其他因错误而遭受损失的案件。根据这种做法，登记员犯错误（或遗漏）将承担个人责任：

- 故意（恶意）犯错；
- 从事或执行超出登记官授权之外的活动或职责；
- 由于严重疏忽而违反法律，规则和程序或无视法律、规则和程序。

在登记官遵循法律、规则和程序，但仍然发生某些事情导致某人蒙受损失及其他情况下，登记处有义务支付赔偿金。此外，当登记员或工作人员在履行职责过程中犯错且被要求赔偿时，登记处应为他们的合理法律代理费用提供资金。

5.4 登记前信息的检查

系统中的信息必须是可靠的，才能让人们对它有信心。检查进入系统的信息有助于确保系统登记记录的质量和准确性。审查申请的方式取决于法律框架

（例如，公证人是否发挥作用）以及系统运行的方式（例如，系统是否为证据性的或声明性的，以及国家是否提供担保和补偿）。无论审查程序如何，登记处都应接收申请并提供加盖时间戳的收据，这样申请人才有证据证明登记处已收到申请。对申请的审查应基于风险分析。适量的检查也是有必要的，如果不进行检查，虚假、轻率、不正确和不完整的文件就可能被提交进行登记。但是，如果检查过于仔细，则会变得既费时又费钱。如果高昂的交易成本使得继承人和其他次级持有人不愿以正式的方式进行转让，那么随着时间的推移，这一制度将变得过时。最后，登记处中信息的质量不仅不会因过多的检查而提高，反而会下降。哪怕是简单地将土地从一个人转移到另一个人，也应该进行如下检查：

- 物权证明：卖方是否为地块的所有者？
- 身份证明：自称卖家的人是真的卖家，还是假冒者？
- 正式要求：提交备案的文件是否符合法律的要求。例如，文件是否被签字和证明。

5.4.1 登记处审查

长期以来，登记处在交易中确定人们的身份一直是标准做法，但是由于政府采取了一些打击抵押、贷款、欺诈、洗钱和恐怖主义的计划，这一问题在某些州受到了越来越多的关注。同时，驾驶执照等假证件的相对容易得到，使身份识别过程更加困难。如何审查信息在某种程度上取决于其性质。

在所有权制度等结论性系统中，登记处提供了关于权利持有人的结论性证据，在这些系统中，由权利登记记录造成的损失可以获得赔偿。因此，登记处会对交易进行实质性审查，以确保只记录有效交易。审查的程度级别往往与交易的复杂性挂钩。现如今出现了一股简化事务的趋势，许多考试可由在登记官监督下工作的行政人员进行。

在契约制度等证据性系统中，登记处内部的审查通常仅限于程序事项，登记官只关注提交的文件是否符合法律手续，以及是否已支付了所有必要的款项。虽然在某些州登记处会对文件的实质内容进行审查，但这种做法并不常见。例如，在荷兰，登记员需要记录提交到公共登记处的所有公证契约，如果他们认为某契约可疑的话，有权在土地记录（即地籍管理数据库）中添加警告。

5.4.2 登记处外审查

公证员： 在有设公证员传统的州，审查任务由登记处内外的管控中心分担。在契约和所有权制度中，都有法律规定必须使用公证员的例子，比如只能记录由公证员准备的文件。虽然各个州的要求各不相同，但总的来说，公证员是受过法律培训、由州政府任命、司法部管辖的人。公证员通常会检查卖方的所有权证明、买卖双方的身份证明、确定双方均具备交易的法律能力，然后准备转让契据，只有这样契据才具有法律效力。公证员有责任确保提交登记的文件符合法律要求。公证员准备的销售合同是公证转手契约的基础，但由于公证员要对买卖双方公正行事，在某些州，买方通常会聘请律师来确保其利益在销售合同中得到保护。

其他专业人员：在许多州，持有者可以自行准备转让文件并提交以供记录。然而实际上，这些州的大多数交易都是由律师或其他有权利转让执照的专业人士完成的。例如，大不列颠及北爱尔兰的英格兰和威尔士，以及澳大利亚的一些州，非律师人员也有资格成为授权处理交易的特许转让人。而在瑞典，有执照的房地产经纪人准备合同是很常见的。在所有情况下，获得权利转让许可的人有责任确保销售合同的有效性，并检查卖方是否为权利持有人。在发达国家，几乎所有的交易都是由专业人士准备。这在一些州是强制性的（只能登记由公证员准备的文件）。在允许公民准备和提交文件以供登记的其他州，很少强制这样做；相反，各方雇佣专业人士来协助他们。造成这种情况的原因有很多。对于普通人或家庭来说，涉及地块的交易很少发生（一个人终其一生也不会买太多房屋）；交易成本很高（对于大多数人来说，购房是他们最大的一笔投资）；法律和购买程序复杂。这些专业服务的成本通常仅占购买房屋等交易的前期费用的一小部分（例如，作为获得贷款而需支付的首付款或定金、获得贷款的其他前期费用、转让税或搬家费用）。所以，与解决问题的费用相比，专业服务的花费不算太高，并且由于专业人员通常要为发生的问题负责，因此雇佣专业人员是较为保险的。另外，雇佣专业人员也有助于保证信息的质量。

在许多发展中国家，专业人员很少，尤其是在农村地区。并且相对于地块的价值而言，聘用费用较高。在这些国家，有一种趋势，即持有或获得权利的人直接与登记处打交道。这种方法可能会成功，但是确保信息质量的重担就完全落在了登记处工作人员身上。通过律师助理和辅助调查员等提供的法律援助，可以极大地帮助人们进行交易，还有助于保证信息质量。

5.5 通过公众提高信息质量

自愿性方法：可以鼓励人们报告记录中的错误和其他问题，并应提供这样做的简单程序。尽管这些都是首次登记的例子，但该方法会是登记处的永久特征。在随后的登记开始后，可以继续鼓励公众反馈意见。

强制性方法：在一些州，长期以来坚持的"购者自慎"原则（让买家小心）已被趋于增强的消费者保护运动所缓和。这意味着在这些州，卖方（有时是协助他们的专业人员）在出售地块时必须提示与权属有关的事项。在转让地块之前没有披露所有必要的信息，可能会导致买方随后以虚假陈述起诉卖方。在某些州需要公开的与权属有关的事项包括是否与邻国在边界上存在争议；是否存在对地块的实际或潜在索赔；是否存在未记录的地役权或租约；是否所有对建筑物的改造是否符合建筑法规；是否已发出开发相邻地块的通知。卖方可能还需要提供与土地使用权无关的信息，例如洪水和其他近期遭到的破坏，土壤污染和其他环境状况。为了优化购买流程，某些州还要求卖方提供当地政府的规划信息和公用事业的规划图表。

5.6 围绕地块组织记录

编排有序的权利记录有助于系统正常运行。通过这样的记录，人们能够快速、轻松地识别出谁拥有地块的所有权，并进行交易，也减少了欺诈和错误，从而增强了人们对信息的信赖度。相比之下，模棱两可和混乱的登记记录增加了找到交易所需的信息的难度。如果一个系统有太多的欺诈和错误，那么就会很难持续提供补偿，因为支付的金额很可能高于承受能力。减少错误和欺诈与减少记录的时间和费用并不一定是取舍关系。这两点在很大程度上可以通过以宗地为单位组织登记记录来实现。

围绕地块组织记录就是为地块分配一个独特的标识符。地块标识符可以是一个独特的地块编号，作为系统地建立所有地块清单的一部分，也可以是一个独特的证书编号，分散地进行记录。

所有交易记录都可以通过地块上的唯一标识符找到对应的地块记录。使用标识符标示地块的所有记录，可以快速方便地识别地块的所有权利，以及将空缺或竞争索赔可视化。可以使用地块的标识符和信息来创建每个地块的记录，这些标识符和信息存储在登记处的文件和地图中。在所有权制度中，所有权证书上的信息标识了地块、所有者和其他权利及其持有人（如果这些权利存在于抵押、租赁和地役权的情况下）。契约制度也可以做到这一点。在契约制度中，相同的信息可以从记录的契约中提取出来，并显示在附带的地块信息的计算机文件中。

5.7 档案

如第 4 章所述，首次登记不是一项独立的活动，需要对收集的信息进行管理，以便应用在登记处的日常业务中。本节重点介绍纸质文件和《改进记录权属权利方法》的配套指南，其中涉及信息通信技术的引入和数字档案的创建。

储存在登记处档案中的信息，通常包括契约、产权、销售合同、租约、抵押贷款、法院命令、继承证书等文件，以及地块的平面图和地图。与制度相关的其他管理文档也保存在档案中，比如旧的索引书籍。当需要记录新的交易或发生争议时，这些过去的交易记录和地块位置就能派上用场。处置地块的人需要证明自己拥有地块的所有权以及确认要处置的地块。在许多制度中，特别是契约制度中，决定的产生或新法律文件的准备都需要用到最新的登记记录文件。发生争议时，通常要做的第一件事就是检阅档案记录，来了解地块的历史记录和相关权利。

随着地块数量和交易次数的增多，对存储空间的需求将不断增加，对管理档案的空间和人员的费用也将增加。对于纸质档案，需要考虑以下因素：

- 应该为那些影响登记的潜在性灾害制订连续性计划。例如，在发生灾难时，恢复并提供查阅记录的权限。应该保留某种形式的登记记录副本，以防丢失。

- 归档文件的数量急剧增加，因此必须确保有足够大的空间保存日后的档案和其他登记记录。必须每年评估文件数量的空间的使用和预计的增长，以确保在之后有足够的空间。2011 年，对拥有 420 万人口的克罗地亚进行了分析，估计需要 5 000 平方米的建筑来存储相关的纸质记录。

- 因为文件很重，所以楼层需要加固。通常地面或地下设施为首要考虑对象，但这些位置应采取安全防护措施，以防水浸、潮湿、动物和昆虫的侵扰。

- 应对档案进行保管，避免其受到火灾、虫害和自然风化等影响。这就需要使用不易燃的储物架，并配备灭火器或更先进的消防设备（如果资金充足的话）。严禁吸烟、饮食，并对档案进行气候控制，避免受潮和发霉。档案室要保持清洁，地板上的杂物如旧家具和旧文件，要清理干净。

- 压缩式书架虽有助于节省空间，但同时应确保有足够宽的通道。由于重量的原因，压缩式书架的地板通常需要加固。

- 档案室应设在远离洪水或其他自然灾害影响的区域。

- 为了方便大量人员的出入，登记处办公室通常位于中心区域，但这些地区的办公区也较为昂贵。最近的或经常使用的文件可以存储在登记处的专用存档区域，但旧的或很少使用的记录应存储在费用较低的地方（称为非现场存储）。例如，大不列颠及北爱尔兰联合王国国家档案馆用一个盐矿作为非现场存储仓库，那里的温度恒定在 14℃，湿度保持在 60％～65％。这些都是保存档案的完美条件。

在纸质文件为主的存储系统中，制定登记记录的处理政策是很重要的。这些记录包括证明性文件，如身份证件的复印件，内部备忘录或已付税款的声明。这类文件会随着时间的推移而变得无关紧要，因此不需要保存。

5.8　公众获取与隐私

向公众宣传是记录权的一个重要方面。改善登记处的服务通常意味着提供更好的信息获取途径，而且越来越多地涉及索引的交叉引用（例如与相关税收和公共安全有关的索引）以及与其他登记处（如民事登记处和公司登记处）的联系。然而，随着信息越来越容易获得，人们对个人隐私暴露的担忧也与日俱增。

大多数登记处允许任何人通过地块参考信息（如唯一地块标识符、平面图参考号或类似标识符）进行搜索，查看地块的详细信息以及地块所有权的持有者。在不同国家，通过搜索持有者的名字能获得的信息各有不同。例如，在澳大利亚、法国、荷兰和美国等不同国家，通过搜索持有者的姓名可查到其信息。但在其他国家，这类搜索则是受到不同程度的管控。在瑞典，就没办法用名字搜索信息。如果某人希望获得担保贷款，那么这个人就必须向贷款人提供地块标识符，以便贷款人检查登记记录。在德国，只能在正当的情况下，才能使用个人姓名进行搜索。例如，贷款人希望检查申请贷款人的权利。在大不列颠及北爱尔兰联合王国的英格兰和威尔士，可以使用公司或政府机构等法人实体的名称进行搜索，但使用个人名义进行的搜索只能由所有者、所有者的代理人、有明确利害关系的人（如破产案的受托人）或通过法院命令进行。

有些国家限制获取有关权利持有人的信息。例如，在蒙古国和科威特，使用地块标识符进行搜索就只显示地块的信息，而不会出现所有者的姓名和其他详细信息，且公众无法使用所有者的姓名搜索信息。尽管法院或执法人员可以访问个人财产的详细信息，但其他人只有在所有者同意的情况下，才可以查看这些信息。

所有国家的制度的信息不完全对公众开放。即使是允许使用个人姓名搜索信息的国家，也会对可向公众披露的信息和被视为隐私的信息作出区分。例如，一些国家已经采取行动，删除可能用于身份盗窃的个人的信息。其他国家允许公众查看地块和持有人的姓名，但不能透露有关附属权利（特别是抵押贷款，这种包含个人财务具体情况）的信息。

抵押贷款具体情况的曝光是一个敏感的问题。美国对记录以个人财产（即动产）为担保的贷款的改革提供了"基于通知"的融资的例子，这种融资也被用于记录权属权，记录的不是担保协议本身的细节，而是一个简单的通知，即被确定为出贷人的一方可能对所述抵押品拥有担保权益。实际上，抵押文件中的贷款金额通常只有在记录时才是准确的。随着时间的推移，债务的实际金额随着借款人偿还贷款而减少。

其他的威慑措施可以阻止那些对记录没有明显兴趣的人去搜索记录。有些国家允许所有者查看谁对其权利和地块进行了查询。许多登记处对查询人收取少量费用，并要求其填写申请表，以便进行搜索。此外，还要求查询人对调查的每块地块提出单独申请。

从历史上看，需要付出努力才能查询系统信息，当事人必须前往登记处柜台提交信息查询请求，然后才可以收到所需文件的副本。这些信息虽然是公开的，但通常只有一小部分人可以访问。信息和通信技术的使用带来了巨大的好处，但它可以让世界上任何人都不受物理限制地查看大量信息，并且远程搜索信息的这种便捷性也增加了人们对隐私的担忧。隐私权的拥护者抱怨说任何人都可以知晓有关个人产权的信息，包括资产购买金额等详细的交易信息。一般来说，更容易获得信息有助于提高透明度。总体而言，大多数国家认为隐私仅次于公开、透明的权利记录。然而，隐私更为重要，特别是有人可以从记录中找到诸如家庭住址之类的个人信息。归根结底，关于发布什么信息的决定通常不是基于记录权的原则，而是对信息自由（即人们获取政府所持有的信息的权利）和隐私（即人们阻止政府发布其包含在政府记录中的个人信息的权利）的立法要求的回应。

5.9 设计成果的选择

之所以设计许多登记系统，是为了做同一件事——提供公开的权利记录。但在世界各地，它们却以截然不同的方式做到了这一点。一个想建立系统的人会面临许多的选择，如下所示。

一种变体涉及证明权利的方式，系统可以是证据性的，也可以是结论性的：

- 证据性系统给权利和谁拥有权利提供了证据。记录会显示发生了交易，转让契据之类的文件就是证据。所有权证明采用"所有权链"的形式，它显示了权利由一个人转让给另一个人的历史顺序；
- 结论性系统给权利的存在和拥有该权利的人的身份提供了结论性证据。所有权证明在登记处中通常以条目的形式出现。

另一种变化与获取权利的方式有关。系统可以是构成性的，也可以是陈述性的：

- 在构成性系统中，权利在记录后发生转让。只有通过记录才能获得权利；
- 在声明性系统中，当事人执行合同时权利才会转让。记录会提供一些保护。例如，已记录的权利索赔会优先于未记录的权利索赔。

土地登记系统以多种方式结合了这些变化。世界上许多国家都存在这些类型的系统，因此以下清单和审查本可以确定一些其他国家的系统，包括发达国家和发展中国家，而不是那些已经确定的国家，如澳大利亚、丹麦、大不列颠及北爱尔兰联合王国的英格兰和威尔士、芬兰、法国，德国、荷兰、西班牙、瑞典和美国。确定这些国家的系统是为了说明即使社会、政治和经济环境相似的国家也选择了不同的系统。一个国家是否存在某种特定的系统并不取决于该国的具体情况。确定这些国家系统的第二个原因是，它们的系统运作良好。一个系统的成功并不一定取决于它的类型，好的契约制度可以像好的所有权制度一样发挥作用。

- 构成性和结论性系统（例如，澳大利亚、大不列颠及北爱尔兰联合王国的英格兰和威尔士、德国）。转让在记录转让文件时发生，由此在登记册上的记录提供了确定所有权的决定性证据。
- 构成性和证据性系统（例如，荷兰）。当转让契据被记录时转让就生效了。作为证据性制度，记录仅显示发生了交易，但一个人不应完全依赖系统中的信息，因为交易过程中的任何一点失误都可能会影响权利转让。作为构成性的系统，人们可以不去考虑未记录的交易。
- 声明性和结论性系统（如西班牙、丹麦、芬兰和瑞典）。买卖双方签订合同时权利才会转让。记录虽然是声明性的，但买方只有从系统认可的所有者那里获得权利后，才能进行记录。（在西班牙，这一制度对所有权和租赁的转让是声明性的，但对抵押贷款是构成性的，因为它们需要被记录才具备法律效力）。
- 声明性和证据性系统（例如，法国和美国）。转让发生在当事人签订合同时。记录并非所有权产生的依据，而是提供了一个假设，即被记录为所有者的人实际上就是业主。

系统类型	构成性系统	声明性系统
结论性系统（"所有权制度"）	澳大利亚、英格兰和威尔士、德国、西班牙（抵押贷款）	丹麦、芬兰、瑞典、西班牙
证据性系统（"契约制度"）	荷兰	法国、美国

在两种情况下，所有的系统可能产生相同的结果。第一种情况没有任何问题，卖方的权利正当，交易公平公正，所有系统都将承认买方为权利的新持有人，可以是结论性的，也可以是推定性的。记录权的保护程度在很大程度上取决于国家的整个法律体系，因为记录权法案不是与其他法律孤立开来的。

第二种情况则是有人试图通过欺诈行为获得权利，系统通常判定这种转让为无效转让。然而，在其他情况下，看起来相似的系统可能产生不同的结果，而看起来不同的系统产生的结果却可能极为相似。如何处理现有系统，这不是一个的简单技术问题，比如如何管理记录，要解决什么是权利持有人认为最公平的结果的问题。例如，当一个人因受欺诈而失去土地，另一个人在不知情的情况下买了这块土地时。虽然所有者和买方都是无辜的，但系统无法公平地保护他们。不可避免地，一个人赢了，另一个人输了。谁赢谁输取决于系统的规则，如下例所示。虽然大多数人并非心怀恶意，而且大多数记录都涉及守法公民之间的交易，但欺诈性交易还是会出现在登记处。实施诈骗的不仅是陌生人，还有受害者信任的人，比如家人、朋友、商业伙伴或律师等专业人士。

本节将回顾一个欺诈案件。原所有者因受欺诈丢失地块，而另一个人在不知情的情况下买了这块地块。这两个人中只有一人可以保留地块的所有权。在一种所有权制度中，其结果是保护新的无辜购买者，并为原所有者所遭受的损失提供赔偿。而在另一种所有权制度中，结果却截然相反，原所有者受到保护，无辜买方获得损失赔偿。因此，系统的设计不应被视为一个简单的技术问题。相反，它应该基于对特定情况下的预期结果的分析。例如，那些当下拥有权利的人，当他们因欺诈而失去权利，会认为最公平的结果是什么？

权利的转让

第一个例子是权利的转让。

系统显示"A"拥有地块的所有权，另一个人"X"冒充"A"，将地块卖给不了解情况的第三人"B"。这时转让文件是假的，因为没有"A"的签字，但是转让到"B"是有记录的。那么如果"A"发现了这种欺诈行为，并采取行动追回地块会怎么样？

在法国、荷兰和美国等国的契约制度中，所有人"A"受到保护，无效的契约不能转让地块，因此"A"没有失去地块，而"B"也没有获得该地块。相反，买方"B"在某些类型的所有权制度中受到保护，例如在澳大利亚各州以及大不列颠及北爱尔兰联合王国的英格兰和威尔士。所有者"A"已经失去了地块，因为这些"所有权立即不可撤销"规则的所有权制度会提供不可撤销的所有权（即所有权是结论性的，不能被推翻）。买方"B"在记录后便享有不可撤销的所有权，哪怕交易是基于伪造或无效的文件达成的。其他类型的所有权制度则是保护所有者"A"，如丹麦、芬兰和瑞典的情况。在这些制度中所有权是不可撤销的，除非在一些特定情况下。

- 转让文件是假的或是由未经授权人签署的，或者是在某种胁迫行为之下签署的，而这种行为在法律上被定义为威胁；

- 法定所有人破产，无行为能力，或者精神上无行为能力的；
- 由于未以适当形式颁布或未经权利涉及者的同意，或未经法院或其他部门许可，获得物不被法律认可。

在其他类型的所有权制度中（如德国和西班牙），所有权持有者"A"也受到保护，即使"B"在不知情的情况下进行了交易，转让仍视为无效。

以下说明了各种可能性。

系统类型	构成性系统	声明性系统
结论性系统（"所有权制度"）	澳大利亚、英格兰和威尔士："B"是所有者 德国："A"是所有者	丹麦、芬兰、瑞典："A"是所有者
证据性系统（"契约制度"）	荷兰："A"是所有者	法国、美国："A"是所有者

改变示例就会产生另一种结果。

与前面例子一样，一个人冒充"A"并将地块卖给不了解情况的"B"，转让被记录下来。另一人"C"从"B"处购买地块且权利的转让也被记录了。如果"A"发现受欺诈行为并采取行动收回土地，会发生什么？

在契约制度中，"A"仍然是所有权人，因为转让的次数无法使假的转让文件变成真的。在丹麦、芬兰和瑞典的所有权制度中，"A"出于同样的原因仍是所有者。在澳大利亚、英格兰和威尔士的所有权制度中，"C"是所有者。

对于如今的德国和西班牙的所有权制度，情况有所不同。这些所有权制度是根据延迟不可撤销性的规则运作的。所有权的不可撤销性被推给第一个买方，他依靠记录来确定所有者，并记录一项正当的交易。

系统类型	构成性系统	声明性系统
结论性系统（"所有权制度"）	澳大利亚、英格兰、威尔士、德国："C"是所有者	西班牙："C"是所有者 丹麦、芬兰、瑞典："A"是所有者
证据性系统（"契约制度"）	荷兰："A"是所有者	法国、美国："A"是所有者

抵押贷款

欺诈往往与抵押贷款有关，有人想出许多创造性的方案来进行抵押贷款诈骗并以此发家致富。

系统显示"A"是权力持有者。第二个人"X"冒充"A"向无辜的、不知情的放贷人"D"贷款。抵押被记录在案，而"X"拿着钱款消失。当"A"发现受欺诈性抵押贷款发生在自己身上时会发生什么？

其结果与上述第一个转让案例模式同样，它们都强调了人们可能因记录权而遭受经济损失。

在保护所有者"A"合法权益的制度中，放贷人"D"因欺诈而遭受经济损失。（虽然西班牙的系统是声明性的转让，但就抵押而言，它是构成性的，因为它们需要被记录才具备法律效力）。相比之下，在有立即不可撤销规定的所有权制度中，贷款人"D"对所有者"A"有法律上的求偿权。即使"A"没有签署抵押协议，抵押债务当下仍是会对"A"的地块造成影响。所有者"A"必须向"D"还清贷款，哪怕其并没有收到钱。

这些结果说明如下。

系统类型	构成性系统	声明性系统
结论性系统 （"所有权制度"）	澳大利亚、英格兰和威尔士："D"拥有有效权 德国、西班牙："D"不拥有有效权	丹麦、芬兰、瑞典："D"不拥有有效权
证据性系统 （"契约制度"）	荷兰："D"不拥有有效权	法国、美国："D"不拥有有效权

赔偿金

在契约制度中，就上述例子而言，所有人"A"受到保护，买方"B"或贷方"D"蒙受损失。登记处或公共基金无需向交易中的利益受损方支付赔偿金。不过，买家可以向参与准备交易的专业人员或其产权保险单提出索赔。（这里可以假设实施欺诈的"X"没有钱，或者已经失踪）。

在德国和西班牙的所有权制度中，所有者"A"会在不撤销性被推迟的时期内受到保护；遭受损失的买方"B"或贷款人"D等也不会得到国家赔偿。在这种方式下，这些所有权制度与契约制度类似。丹麦、芬兰和瑞典的所有权制度不仅保护所有者"A"，还向买方"B"或贷款人"D"提供国家赔偿，尽管这需要满足某些条件，例如贷款人"D"已对借款人进行了彻底的风险评估。在大不列颠及北爱尔兰联合王国的英格兰和威尔士以及澳大利亚的产权制度中，立即不可撤销性规则导致所有者"A"承担损失。在转让的例子中，"B"是当前的所有人；在抵押贷款的例子中，贷款人"D"有权要求偿还贷款。这些制度为所有人"A"的损失进行了赔偿，但即便如此也存在着相当大的差异。例如，在一些国家，不到万不得已是不会赔偿的：在向国家索赔之前，遭受损失的人必须设法让损失责任人赔偿，例如起诉欺诈者（"X"）或证明无法让损失责任人赔偿。

这些差异如下所示。

系统类型	构成性系统	声明性系统
结论性系统（"所有权制度"）	澳大利亚、英格兰、威尔士："B"获得所有权，"A"得到国家赔偿	丹麦、芬兰、瑞典："A"获得所有权，"B"获得国家赔偿
	德国："A"获得所有权，"B"没有国家赔偿	西班牙："A"获得所有权，"B"没有国家赔偿
证据性系统（"契约制度"）	荷兰："A"获得所有权，"B"没有国家赔偿	法国、美国："A"获得所有权，"B"没有国家赔偿

对系统设计建议的一些考虑

如上所示，制度多种多样，其运行及保护方式各有不同。契约制度以及一些所有权制度会在欺诈性转让的情况中保护原始所有者，而其他所有权制度保护新的买方或贷款人。这种多样性表明，没有任何一套规则是天生正确的，而其他规则是错误的。相反，这些规则必须要被使用它们的社会所接受。

关于改革建议的广泛讨论。对制度的改革不应该被视为一个简单的技术问题。制度的设计将使其在特定情况下产生特定的结果。哪个是最理想的结果？我们可以做出多种选择，并且决策过程应该使拥有权利的人能够决定在特定情况下什么结果是最公平的。制度规则应该是为了产生这些结果而制定的。人们应该了解规则变更的影响，并同意他们的意见。充足、可持续和可获得补的偿资金。欺诈性抵押贷款的示例突出表明，设计中的选择可能会使人蒙受经济损失。比如在有"即时不可撤销"规则的所有权制度中，即使所有者没有收到贷款，所有者也必须向贷款人偿还贷款。

关于立即或推迟不可撤销性的所有权制度的建议应包括一种适当和可持续的方式，以补偿因制度改变而遭受损失的人。一些国家已经设立了补偿基金。赔偿承诺只有兑现了才算有用。假如损失只有在向每笔交易征收费用，直到收取了足够的资金之后才能赔付的话，这是不现实的。相反，基金在成立时就要保证有大量起始金额，之后可以通过向交易征收费用来维持资金总额（请参见《权属权利记录的改进指南》）。此外，赔偿基金不应是最后的手段，即只有在所有的替代方案都尝试并失败之后才支付赔偿金。因欺诈性抵押贷款而遭受损失的穷人，在提出赔偿要求之前，不必支付提起法律诉讼的费用。

国家担保是补偿基金的替代办法，它由国家财政预算资助。这样一个机制需要有稳定和值得信赖的管理结构来支持，但如果记录系统运行良好，则需要支付的损害赔偿或补偿金额应该不大。

强制性专业责任保险是另一种赔偿方式，当专业人员的行为造成损失时才会进行理赔；例如，起草具有法律约束力的文件或交易中为当事方提供建议时。

6 政策及法律框架

　　政策和法律框架确定了登记处运行的环境，以及更广泛的使用权环境。本章重点介绍与登记处及其业务有关的具体政策和法律事宜。

本章重点

- 宪法常常是地权稳定性的基础。
- 在宪法采用权利分立原则的情况下，需要谨慎地将登记处的权力界定为行政权力，而不是司法权力。
- 权属权利和地权稳定性涵盖了广泛的主题，在这些主题中，良好的政策占有重要地位，并且本指南为此类政策提供了坚实的基础。
- 登记处可以在自己的职责范围内制定政策并在其运行中反映国家政策。登记处还可以帮助制定与权属权利和地权稳定性有关的国家政策。
- 包括登记法在内的法律需要解决登记处运行的一些基本问题，例如系统的创建和记录的效果，首次登记和后续登记的过程操作以及信息的获取。
- 可能需要修改其他法律，以反映当前在地权稳定性和运行方面的良好做法。
- 还需要制定细则、法规和指令来支持登记处的运行和良好做法。

6.1 宪法与登记处

在任何国家，宪法都规定着公民的基本权利和义务，尽管它可能未涉及权利的记载，但它是该职能的基础，并会对其产生影响。

通常，宪法包括一些与财产有关的规定，例如保护公民私有财产权或国家为人民保管所有土地。宪法很可能会包括其他普遍性规定，以保证所有人享有平等地位和平等待遇权，包括性别平等。宪法还经常涉及征收（有时称为强制性收购）和赔偿问题，通常这样规定，除非符合公共利益，并通过正当的法律程序，提供合理的估价并及时支付赔偿金，否则就不能征收人民的私有财产。

宪法中有关登记处的主要问题是分权，在这一情况下，立法部门、行政部门和司法部门的职能是截然不同的，一个政府部门不能行使另一部门的职能。通常而言，对于登记处来说，这意味着政府的行政部门（行政部门包括登记处）无法行使司法部门的职能和权力，如约束人民的权利。在包括美国在内的一些国家，分权原则的适用条件是所有在登记处首次登记的申请都必须提交司法机构，理由是首次登记是授予和确定权利的行为。但是，在其他大多数国家，登记处作出的首次登记不会受到宪法上的质疑，或者将该过程视为简单的行政程序，其中登记处通过将现有权利记录在新系统中来识别它们。尽管很少出现分权的问题，但是有必了解宪法，不忽视被质疑的可能性。

6.2 政策框架与登记处

政策框架是政府的计划、目标、立场和对各项事务的态度。它可以产生执行那些规划的决定和方案，包括建立一个拥有记录权和地块的系统。

如本指南中包含的许多主题所示，权属权利和地权稳定性涵盖了广泛的领域。这些领域包括以下事项：

- 权利属性（例如所有权、使用权及其他使用权、租赁权），以及如何获取权利；
- 产权制度改革，如再区分、归还、合并或重新分配；
- 承认各类合法权益；
- 建筑法规、建筑许可证、非法开发和规范化或正式化开发以及住房政策；
- 贷款、融资渠道和贷款抵押品的使用权利；
- 个人信息的隐私保护；
- 数据访问权限的开放；
- 政府的信息通信技术和电子政务服务；
- 性别平等；
- 客户与政府机构的接触合作；
- 环境保障体系与保护措施；
- 反腐倡廉；
- 征税和评估。

登记处在制定有关其自身职责范围的政策方面发挥主导作用。这一作用既包括为政府自身制定政策，特别是制定政府未制定过的政策，也包括制定政策细节，以推动政府实现所规划的政策成果（例如开放数据访问权和隐私权）。此外，由于登记处往往负责登记法的实施，因此它有能力甚至有义务制定与其相关的政策，并将其纳入与其业务有关的专题法律中，例如两性平等和与客户之间的约定。指导方针的第 6 节和第 17 节以及本指南涵盖了需要作出或制定影响登记处政策决定的众多领域，其中多数内容可以反映在正式的政策声明（如反腐败声明）中，也可以反映在登记法的条文中。

当登记处不直接负责某些权力的制定时，它也许会在其他方面发挥重要作用，如产权制度改革、数据访问权限的开放、信息通信技术和电子服务、性别平等和反腐倡廉。因此，登记处在制订这些政策时应有发言权。在采取这一行动时，指导方针为做出正确决策奠定了坚实的基础。指导方针的每个部分都可以作为一项政策的基础，这些政策可以进一步发展，以适应一个国家的个性化需求。当然,登记处应利用指导方针来指导其思想,并参照这些国际公认的标准协助政府。政策框架的不断发展和修订将推动登记处与其他政府机构(如负责公共管理和其他权属方面的管理机构、税务部门和地方政府)密切合作,以确保地块所有权及其相关信息和信息使用者之间建立合适联系。必须明确记录权属责任,并需要建立联系(包括独特的地块标识符),使用户能够较好地利用有关地块权属以及地块价值和用途的信息。

6.3 登记法

法律框架是权利记载的基石,因为文书和交易具有重要的法律效力。在法律上,记录过程本身就承认特殊的人可通过推定或某些结论拥有特定权利。因此,法律必须是权利记载的起点。

登记法并不是凭空存在的,它们是在许多其他需要考虑的法律背景下创建的。在普通法系国家,登记法存在于法官制定的广泛法律中,而在大陆法系国家,民法典、土地或财产法典以及行政法典将对登记法产生影响。由于登记法适用于宪法、法典和其他普遍适用的法律,如果与登记法的规定有任何不一致之处,那么可能需要对这些法典和法律进行修订,以便与登记法保持一致。

总的来说,要使登记处有足够的法律基础来运作、提供服务和为客户服务,法律必须涵盖多项重要事项。这些事项列举如下,它们应反映本指南中所讨论的事项,以改进记录权和优化客户提供的服务。例如:

- 创建登记处和记录系统:创建或指定一个管理系统的机构(参见第5章"体系安排");
- 记录系统的基础:最好的方法是以地块为基础,而不是以所有者为基础(参见第5章"围绕地块组织记录");
- 首次登记和后续登记:官员、权利持有者和其他人的权力和义务,以及登记过程的主要环节(参见第4章"降低首次登记失败的风险");
- 记录的作用:它增加了什么?它对当事人和第三方有什么影响?它对边界和地块面积有什么影响?(参见第5章"选择该系统的运行方式"以及"设计成果的选择");
- 保护享有权利的残疾人、儿童和妇女的规定(参见第3章中的"权利人");
- 公众获取信息与隐私问题之间的平衡(参见第5章"公众访问与隐私");
- 有关规章和方针政策以及费用制定的权力。

其他关键事项包括上诉权和纠错权。在《改善权属的记录方式》一书中的参考指南包括了这些内容。这些事项均可由登记法处理，主要用该法处理，然后辅以其他法律的规定。例如，民法典可以设定记录的基本方面和影响。关于国家收费的法律可能会规定服务和信息的费用；关于测量的法律可能会规定测量师如何细分地块；并且有关上诉或投诉的法律也许会规制那些对决策不满的客户再次考虑申请的行为。在一些国家，首次登记的程序由一部单独的法律处理，但只要它与登记法紧密相关，并且有办法将首次登记的结果纳入记录系统，就不会产生重大影响。其他相关法律包括信息自由和隐私权的保护（参见本章的"法律法规、命令和决定以及指示"）。其他相关法律通常不会反映在登记法中，但对其运作很重要，这些法律涉及性别平等和非歧视性问题、工作场所卫生和安全、税收、会计及其标准、以及政府雇员的地位和条件。适用范围更广的法律包括离婚法、继承法、公司法、破产法、征用法、住房法、租赁法、再分配制度改革相关法律（如土地改革法）、资产评估法和电子签名法。另外，通常还包括有关儿童和残疾人权利和能力的法律。

应对登记法和其他法律进行评估，以了解这些法律如何与指南中规定的标准和本指南所涵盖的标准相匹配。通过这种方式，可以找出差距和矛盾之处，并可以修正甚至制定新法律以改进法律框架。

6.4 法律法规、命令和决定以及指令

通常会根据登记法颁布一项或多项条例，以规范记录权程序的更详细的事项。此类法规可以提供以下信息：编写文件的要求，信息和服务的收费标准，标准形式的使用，外文文件的要求，如何提交文件（纸质版或电子版形式，以及确保有记录配偶姓名的空间等等），如何提出赔偿要求，以及主要法律中重要但未解决的事项。同样，也需要定期检查和更新这些内容，以确保它们符合良好的客户服务和当前技术的要求。

命令和决定通常涉及登记法无法处理的日常事务，例如高级官员的任命和其他行政事务。根据登记法的起草方式，政府、负责登记的部长或首席登记官可以发布命令和决定。命令和决定通常会涉及首次登记的时间和地点，以及该国家的哪些地理区域受登记法管辖（在推出新系统的情况下尤其重要）。

在一些国家，法律框架的另一个方面是首席登记官发布的指令。这些通常是关于如何准备文件、需要提供哪些证明文件（如果有的话）、所需的附加信息、纸张的大小、重量和质量、安全特性等。它们涵盖了登记处运行的详细要求，并会根据需要发布。通常，法律规定必须遵守命令和指示，若不遵守其要

求要将会遭受拒绝。重要的是，登记处亦应有权在特殊情况下放弃其本身的技术要求。

参 考 文 献

联合国粮食及农业组织 . 2016. 责任权属治理和法律治理：律师和其他法律服务提供者技术指南（相关文件链接：www. fao. org/3/a-i5449e. pdf).

7 未来考虑

前面的章节介绍了创建记录权和首次登记系统的行之有效的做法，并且预计这些做法将继续具有重要意义。本章总结了一些已经开始或即将开始实施的事项，这些事项将对未来的权利记录产生影响（详见关于《权属权利记录的改进指南》的配套指南中提出的未来注意事项）。

本章重点

- 本指南所述的创建记录权和首次登记系统的做法已经在世界上许多国家得以使用，预计这些做法今后将继续适用。
- 人们对于过去通常没有记录的权利将会越来越有兴趣去记录，如习惯权利、渔业权、森林权和水权。
- 技术创新将使记录系统的引入速度更快、细节和信息水平更高、访问范围更广。
- 通过创造性地使用技术，成本将会降低，系统将会更容易使用。
- 已经存在许多改进权属信息收集过程的备选方案，特别是使用智能手机，这也允许采用更具参与性的方法。
- 从未记录的权利很可能会得到承认，收集和维护此类记录的系统很可能会保留在地方层面。

7.1 概论

　　未来十年会发生什么？细节很难预测，但是人们普遍期望会创建记录系统，使之与目前尚未从中受益的人有更大的关联。人们将继续并越来越有兴趣记录过去通常没有记录的权利，如习惯权利、渔业权、森林权利和水权。

　　虽然许多人仍然无法使用网络，但几家大型技术公司已经构想出一种前景，即通过使用卫星和遥控飞机系统（或无人机）等技术，以及使用分配给电视传输的未使用的广播频率，在世界各地提供负担得起的基本互联网服务。在帮助人们可以使用互联网方面的任何快速进展，特别是在偏远的农村地区，都将改变登记处的运作方式，包括记录土著人民和其他拥有习惯权属体系的社区以及非正规住区的权属权利。互联网的访问的增加将有助于更快地引入新系统，并提供更多的服务。

　　虽然使用互联网可以更容易和更快地获取信息，但隐私被披露的风险变得更大。纸质化系统限制了人们搜索信息的范围。有了电子记录的权属权力和使用计算机搜索的能力，便可以在几分钟内查询整套记录。各国必须考虑收集了多少关于权属权利及其持有者的信息，又有多少信息被公开，要考虑到快速便捷获取信息与保护隐私之间的相互矛盾。如果关于隐私的法律尚不存在，那么就必须考虑这些法律，人们需要有保护其隐私的手段，比如有权选择不让公众访问自己的信息。隐私原则和自由获取权属信息之间的内在冲突不容易解决，不同的国家会根据自己的平衡情况提出不同的解决方案，但所有国家都需要从零开始就新私有化或归还的地块和权利进行仔细考虑。

7.2　快速引入新系统和服务

新系统可以比原先的系统更快地引入。在五年时间里，卢旺达裁定并记录了一千多万个地块，签发了 800 多万份证书。中欧和东欧几乎所有的转型国家都建立新私有化或归还的地块和权利，从零开始建立了记录系统。在 15 年里，俄罗斯联邦从简单的试验到将由不同机构运营的完整和独立数据库中的地块、权利和建筑物信息联系起来，创建了世界上最大的土地综合登记系统，并在该国的任何地方提供在线服务。

改进现有系统的经验也可以用来帮助加快新系统的设计和实施。例如，西班牙的地籍从只有简单的字母数字记录发展到包括一个地理信息系统，该系统将属性和地块版图联系起来，提供了一个免费的、公开可用的、完全与基于互联网的地图相结合的网络服务。在前南斯拉夫的马其顿共和国，在几年的时间里，地块登记已经从主要是纸质化的系统转变为完全数字化的系统，其中 50% 以上的交易是使用数字签名在线提交的。

对政府来说，自然资源和与这些资源相关的权利的更完整的信息意味着专家能够更好地管理资源并与使用或拥有资源的人打交道。当信息可以通过计算机获得时，找到有效管理资源所需信息的成本也就迅速降低，并且管理资源的可能性范围也会急剧扩大。

更快、更容易地获得信息和权利交易手段将导致总成本的降低，使更多的人从该系统中受益。降低的成本不仅包括财务成本，还包括调查、达成交易并记录该交易所需的时间成本。这种效率将有助于贷款，特别是能够帮助穷人和弱势群体获得短期小额贷款。反过来，生产率和粮食安全应该得到提高。例如，在吉尔吉斯斯坦，权利登记允许农民以低成本贷款几个月来购买种子和肥料。收获季节一到，他们就偿还贷款。当被问及如果没有这笔短期贷款，他会做些什么时，一位农民说："这块土地将会被荒废"。

7.3　登记权信息收集新方式

新的信息可能会以新的方式被添加到记录系统中。无论是在新系统中还是在现有系统的扩展版本中，提供对习惯权利的法律认可会促进导致习惯权利记录的增加。

渔业权、森林权和水权的记录也可能得到更多关注。随着关于高度和时间的信息被添加到权属权利权记录中，关于权利的多维信息有望变得更加重要。额外维度的增加有时被称为包含高度的三维地籍图。

随着移动电话与全球导航卫星系统（如全球定位系统）的集成度越来越高，具有视频功能的麦克风和数码相机（均由应用程序的简单用户界面驱动）越来越多，以及移动电话的功能的不断增强，该领域的信息收集可能会受到重大影响。这一设施为公民提供了直接参与权属权利管理过程的机会，从获取信息服务和记录地块边界到使用移动银行安全支付费用。可以使用多种技术在智能手机和平板电脑上记录权利证据，其中包括：

- 用手机拍摄的带标记的纸质地图；
- 手机中记录的对边界的文字描述；
- 手机中记录的口头描述；
- 手机中记录的带有地理标记地块的电子照片；
- 录制在手机上的视频和评论，它可以包括邻居的贡献作为一种核查形式；
- 为现有的纸质化证书创建的电子图像；
- 用表格填写的有关公民、社区和相关权利的信息；
- 在高分辨率图像（如卫星、航空、无人驾驶飞行器）上识别和追踪的可视边界的位置；
- 使用手机的全球导航卫星系统功能直接记录的地块角落坐标。使用诸如小型接收器之类的设备可以实时提供 0.5 米的全球导航卫星系统位置信息，从而可以减少位置不确定性，而无需在信号增强的情况下进行后处理；
- 存储在基于云系统中的数据。

过去几十年的一个趋势是使系统登记更具有参与性，在社区的积极参与下，而不仅仅是在个人权利持有人的积极参与下，社区成员充分参与社区内权利的获取、审查和确认。

新技术可用于以群体为基础和以社区为基础的信息收集，这将有助于加强这些收集权利证据的参与性进程，并促使社区审查和同意结果。在首次登记过程中，可以更多地利用律师助理和辅助调查人员，代表社区和公民收集权利证据。

7.4　未经法律认可的记录权

本指南记录的是根据正式法律已经获得承认的合法权属权利，不包括未得到法律认可的权利的记录。这是因为登记处工作人员必须明确知道哪些应该记录，哪些不应该记录。

然而，本指南中，在处理未得到法律认可的权利记录方面有一个小小的偏差。《指南》的第 4 段中的第 4 节呼吁各国在法律上承认目前没有受到法律保护的合法权利，并提供一个程序，以确定应被视为合法的权利类别。如果一个国家没有发生这样的进程，而人们担心失去他们认为是对其土地和其他自然资源的合法权利，那么在正式的土地权属权利管理制度之外确定他们的要求往往是有利可图的。一些社区，包括得到非政府组织和基金会支持的土著居民社区，建立了管理和宣传权利的平台，这些权利是由社区利用众包、参与性方法以及律师助理和辅助调查员的服务确定和记录的。

当这种权利得到法律认可并被纳入正式的权属权利管理时，这些关于众包来源权利和社区记录权利的非正式记录可以作为有价值的证据来源。

参 考 文 献

国际测量师联合会，世界银行 . 2014. 适用于特定用途的土地管理 . 国际图联出版 60 期（相关文件链接 www. fig. net/resources/publications/figpub/pub60/Figpub60. pdf）。

附件 本指南中是如何定义权利记录的

本指南基于《准则》中有关权利和地块记录系统的具体规定。本附件重点介绍了《准则》相关领域，旨在帮助您阅读本指南，而不是替代本指南。

关于《准则》中记录权利和地块的主要内容在第 17 节中，该节第 5 部分是关于权属管理。应该将第 17 节与本《准则》的其他部分一起阅读，概述如下。

第 1 节《准则》目标。

第 1.1 段	• 《准则》力求改善土地、渔场和森林权属的治理。 • 寻求改善权属治理，造福于所有人，重点是弱势和边缘化人群。 • 寻求改善权属治理，其目标是： > 粮食安全及逐步实现获取充足食物的权利； > 消除贫困； > 可持续生计； > 社会稳定； > 住房安全； > 农村发展； > 环境保护； > 社会和经济可持续发展。 • 改善权属治理的所有方案、政策和技术援助应与国际法，包括《世界人权宣言》和其他国际人权文书所承担的现有义务保持一致。

关于通过记录权利和地块改善权属治理，第 17 节有五个段落，其要点如下表所示。

第 17.1 段	• 各国应提供记录系统，以改善权属安全以及地方社会和市场运作。 • 记录系统应能够记录国家和公共部门、私营部门、土著人民和其他具有习惯权属的社区所拥有的个人和集体权属权利。 • 系统应记录、维护和公布权属权利和义务，持有权属的人以及与权属有关的地块或财产。
第 17.2 段	• 系统应适合特定情况，包括可用的人力和财力。 • 土著人民和其他具有习惯权属的社区的权属权利应以一种适合社会文化的方式进行记录。 • 为确保透明度和与其他信息源的兼容性，应将记录系统与其他空间信息系统包括在一个集成框架中。 • 系统应允许整合所有权属权利的记录，无论是由国家和公共部门、私营部门以及土著人民和其他具有习惯权属的社区持有的记录。 • 如果无法记录具有习惯使用权的土著人民和其他社区的使用权，或在非正式定居点中的职业，则应注意防止在这些地区记录竞争权。

第 17.3 段	• 每个人都应该能够不受歧视地记录其权属权利。 • 机构应在适当情况下提供服务中心或流动办公室，以改善访问，特别是在弱势群体方面。 • 应考虑由本地专业人员，例如律师、公证人、测量师和社会科学家，帮助向公众提供有关权属权利的信息。
第 17.4 段	• 应简化程序，并应使用适合当地情况的技术以减少提供服务的时间和成本。 • 地块和其他空间单位的空间精度应足以满足当地需求，并且如果需要，可以随时间改进。 • 有关权属权利、权利持有人和空间单位的信息应链接在一起。 • 记录应按空间单位和所有者索引，以识别竞争权。 • 权属权利的记录应共享，以允许国际机构和地方政府改善其服务。 • 信息应按照国家标准进行共享，并应包括权属权利的分类数据。
第 17.5 段	• 有关权属权利的信息应方便所有人使用。 • 有关权属权利的信息共享应受到隐私限制，但这些限制不应阻止公众进行审查以识别腐败和非法交易。 • 应通过公布流程、要求、费用和任何豁免以及响应服务请求的截止日期来防止腐败。

第 7 节是关于首次分配或承认权属权利时应采用的保障措施。解决的是记录创建，即首次登记。

第 7.1 段	• 各国在承认或分配权属权利时，应建立保障措施，以免侵犯或消除他人的权属权利，包括当前不受法律保护的合法权属权利。 • 保障措施应保护拥有附带权属权利（例如，集会权）的妇女和弱势群体。
第 7.3 段	• 如果各国打算承认或分配使用权，则应首先确定所有现有的使用权和权利人，无论是否已记录。 • 磋商过程中应包括土著人民和其他具有习惯权属的社区，小农和任何可能受影响的人（与第 9.9 段中土著人民的和 3B.6 原则中其他社区保存一致）。 • 如果人们认为自己的权属权利未被承认，国家应提供诉诸司法的渠道。
第 7.4 段	• 各国应确保新承认的权属权利中男女享有相同的权利，并在记录中体现这些权利。 • 在可能的情况下，应系统地进行权属权利的法律承认和分配，并逐个区域进行，以便为穷人和弱势群体提供充分的机会，以获取对其权属权利的法律承认。 • 应提供法律支持，尤其是对穷人和弱势群体。 • 在最初创建权属权利记录时（包括在权属映射中），应使用适合当地情况的方法来提高透明度。

第 9 节包括有关土著人民和具有习惯权属制度的其他社区的某些方面。

第 9.4 段	• 各国应提供土著人民和其他社区的合法权属权利。 • 认可应考虑土地、渔场和森林资源以下用途： 　＞ 专由社区使用； 　＞ 由不同社区共享。
第 9.5 段	• 各国应考虑调整其政策、法律和组织框架，承认具有习惯权属制度的土著人民和其他社区的权属制度。 • 在宪法或法律改革加强妇女权利并使之与习俗发生冲突的地方，所有当事方应通过合作适应习惯权属制度中的此类变化。
第 9.8 段	• 各国应通过习惯权属制度保护土著人民和其他社区，防止他人未经许可擅自使用其土地、渔场和森林资源。 • 在不反对的社区，各国应协助正式记录和宣传有关该社区使用和控制的土地、渔场和森林的性质和位置信息。 • 正式记录了土著人民和具有习惯权属制度的其他社区的权属权利时，应将其与其他公共、私人和社区权属权利一起记录下来，以防止相互竞争申诉。
第 9.11 段	• 各国应尊重和促进土著人民和其他具有习惯权属制度的社区使用的习惯方法，以解决社区内部的权属冲突。提供这种支持的方式应与各国根据国家和国际法承担的现有义务相一致，并适当考虑到适用区域和国际文书所规定的自愿承诺。 • 对于一个以上社区使用的土地、渔场和森林资源，应加强或制定解决社区之间冲突的方法。

第 8 节也有一些关于公共土地、渔场和森林的相关段落。

第 8.3 段	• 由集体使用和管理的公有土地、渔场和森林资源（有时被称为公地）。 • 各国应包括在国家分配过程中，承认和保护这些国有土地、渔场和森林及其相关的集体使用和管理制度。
第 8.4 段	• 各国应通过创建和维护易用的清单，努力建立有关其拥有或控制的土地、渔场和森林的最新权属信息。 • 此类清单应记录负责行政管理的机构以及土著人民和具有习惯权属制度的其他社区和私营部门所拥有的任何合法权属权利。 • 在可能的情况下，各国应确保在一个单一的记录系统中，将公共拥有的权利与土著人民和其他社区的习惯权属制度以及私营部门的权属权利一起记录在一个记录系统中，或者通过一个共同的框架与之联系在一起。
第 8.5 段	• 各国应确定其拥有或控制的哪些土地、渔场和森林资源将由公共部门保留和使用，哪些将分配给他人以及使用条件。

第 8.9 段	• 各国应使用透明、参与性的方式分配权属权利，并以所有人都清楚、容易获得和理解的简单程序，特别是土著人民和具有习惯权属制度的其他社区，来理解权属治理。 • 应向所有潜在的参与者提供适用语言的信息，包括通过对性别敏感的信息。 • 在可能的情况下，各国应确保将新分配的权属权利与其他权属权利记录在一个记录系统中，或通过一个通用框架进行链接。 • 国家和非国家实施人员应努力防止权属权利分配中的腐败。

第 10 节涉及非正式权利。

第 10.1 段	• 在存在非正式权属的地方，各国应以尊重国家法律规定的现有正式权利的方式以及承认当前形势并促进社会、经济和环境福祉。 • 各国应促进政策和法律以承认这种非正式权属。 • 制定这些政策和法律的过程应考虑可参与、性别平等，并努力为受影响的社区和个人提供技术和法律支持。 • 各国应承认大规模移民引起的非正式权属的出现。
第 10.3 段	• 只要国家对非正式使用权提供法律承认，就应通过可参与、性别平等的过程，特别是对权属人的关注来实现。 • 这些过程应有助于获得合法化服务并最大程度地降低成本。 • 各国应努力为社区和参与者提供技术和法律支持。
第 10.4 段	• 各国应采取措施限制因土地使用变更和土地开发过于复杂的法律和行政要求而导致的非正式使用权。 • 开发要求和过程应清晰，简单且负担得起，以减少合规负担。
第 10.6 段	• 在不可能对非正式使用权进行法律承认的情况下，各国应防止违反国家和国际法规定的现有义务的强迫迁离。

第 21 节还提供了一些有关解决权利和地块纠纷的相关材料。

第 21.1 段	• 各国应通过公正和主管的司法和行政机构提供及时、可负担和有效的手段来解决权属权利争端。 • 还应提供解决争端的其他方法。 • 各国应为争端提供有效的补救和上诉权，并应迅速执行补救措施。 • 在执行机构内部或外部，应在第一阶段为所有人提供避免或解决潜在争端的机制。 • 无论地点、语言和程序方面，所有男女都应能够使用争端解决服务。
第 21.2 段	• 各国可以考虑： > 引入专门处理权属纠纷的专门法庭或机构； > 在司法部门内设立处理技术事务的专家职位； > 设立专门法庭来处理有关受监管的空间规划、勘测和评估的争议。

第 21.3 段	• 各国应加强和开发解决争端的替代形式,尤其是在地方层面。 • 在存在习惯或其他既定形式的争端解决方式的地方,提供公平、可靠、易用且非歧视的方式,迅速解决权属权利争端。
第 21.4 段	• 各国可以考虑利用执行机构来解决其技术专长范围内的争端,例如负责调查解决国家范围内单个地块之间边界争端的机构。 • 应以书面形式并根据客观推理作出决定,并且有权向司法部门提出上诉。
第 21.5 段	• 各国应在解决争端的过程中努力防止腐败。
第 21.6 段	• 在提供解决争端的机制时,各国应努力为弱势和边缘化人群提供法律援助,以确保所有人不受歧视地获得安全的司法救助。 • 司法部门和其他机构应确保其员工具有提供此类服务的必要技能和能力。

尤其建议第 17 节(和其他章节)与第 6 节一起阅读,第 6 节涉及提供的服务。

第 6.1 段	• 在资源允许的范围内,机构和司法部门应具有人力、物力、财力和其他形式的能力,以及时、有效和性别平等方式执行政策和法律。 • 各级人员应接受持续培训。 • 招聘工作人员时应适当注意确保性别和社会平等。
第 6.2 段	• 提供服务应符合各国根据本国和国际法承担的现有义务,以及其根据区域和国际文书承担的自愿义务。
第 6.3 段	• 服务应及时,易用且无歧视。 • 应消除不必要的法律和程序要求。 • 国家应按要求对机构和司法部门的服务进行审查和改善。
第 6.4 段	• 机构和司法部门应为全体人民服务,向包括偏远地区在内的所有人提供服务。 • 服务应及时有效,并使用适合当地情况的技术来提高效率和易用性。 • 应该制定内部准则,以便员工能以可靠且一致的方式执行政策和法律。 • 应简化程序,同时不威胁权属保障或司法质量。 • 应广泛宣传适用语言的说明材料,告知人们其权利和责任。
第 6.5 段	• 政策和法律应推动适当权属信息的共享,供所有人有效使用。 • 应该制定国家标准共享信息,同时要考虑到区域和国际标准。
第 6.6 段	• 应该考虑采取其他措施,支持无法获得服务的弱势或边缘化群体。 • 这些措施应包括法律支持,例如法律援助,还可能包括助理律师或辅助测量员提供的服务,以及为偏远社区和流动的土著人民提供的流动服务。

第 6.7 段	· 机构和司法部门应建立一种基于服务和道德行为的文化。 · 应该寻求定期反馈，例如通过调查和核心小组，以提高标准并改善提供的服务，以达到期望并满足新的需求。 · 应该发布绩效标准并定期报告结果。 · 用户应能够在机构内部（例如，通过行政审查）或在外部（例如，通过独立审查或监察员）解决他们的投诉。
第 6.8 段	· 有关的专业协会应制定、宣传和监督高质量的道德行为。 · 公共和私营部门的人员应遵守适用的道德标准，并在违规情况下受到纪律处分。 · 如果不存在这样的协会，则国家应提供有利于其建立的环境。
第 6.9 段	· 人人都应努力防止腐败。 · 应采取和强制实施反腐败措施，包括制衡、限制权力滥用，解决利益冲突，采用明确的规章制度。 · 应有对机构的决定进行行政或司法审查的规定。 · 在机构工作的人员应对其行为负责。 · 同时，应向工作人员提供有效履行职责的手段。 · 并且应保护工作人员免受其职务干扰，并避免因举报腐败行为而受到报复。

与本《准则》中其他情况一样，都以第 3 节的原则为主。

3A 通用原则：

《准则》通用原则

第 3.1 段指出了国家应采取的行动：

1. 承认并尊重所有合法权属持有人及其权利。应采取合理措施，确定、记录和尊重合法权属持有人及其权利，无论是否经正式记录；避免侵犯他人的权属使用权；并履行与权属权利相关的职责。

2. 维护合法的权属权利，以免受到威胁和侵害。应保护权属权利人免遭权属权利的任意损失，包括强迫迁离与其国家法和国际法规定的现有义务相抵触的情况。

3. 促进并使享有合法权属权利便利化。应采取积极措施，促进和推动权属权利充分实现或与该权利的交易，例如确保所有人都能获得服务。

4. 提供诉诸司法处理侵犯合法权属权利的途径。应通过司法部门或其他方式为所有人提供有效和可及的手段，以解决关于权属权利的争端；并提供负担得起的及时执行结果。在为公共目的取得权属权利的情况下，各国应提供及时、公正的赔偿。

5. 防止权属纠纷、暴力冲突和腐败。应采取积极措施，防止产生土地使用权纠纷并升级为暴力冲突。他们应努力防止各种形式，各级和各种环境下的腐败。

第3.2段确定了非国家行为者在尊重人权和合法权属权利的一般背景下应采取的一系列行动。

3B 实施原则：

《准则》实施原则

1. **人的尊严**：承认所有人的固有尊严以及平等和不可剥夺的人权。

2. **无歧视**：认识到任何人都不应受到法律、政策和实践中的歧视。

3. **公平与正义**：认识到人与人之间的平等可能需要承认人与人之间的差异，并采取包括赋权在内的积极行动，以促进妇女、男性、青年、弱势群体和民族背景下传统上被边缘化的人获得平等的权属权利和土地、渔场和森林资源。

4. **性别平等**：确保男女在享有所有人权利方面的平等权利，同时承认男性和女性之间的差异，并采取具体措施，在必要时加速切实平等。各国应确保妇女和女童享有平等的权属权利，并享有独立于其公民和婚姻状况的土地、渔场和森林资源。

5. **整体和可持续的方法**：认识到自然资源及其利用是相互联系的，并在其行政管理中采用综合和可持续的方法。

6. **协商和参与**：在拥有合法权属权利的情况下，在做出决定并作出回应之前，与那些可能受到决定影响的人接触并寻求他们的支持；考虑到各方之间现有的权力失衡，并确保个人和团体积极、自由、有效、有意义的参与相关的决策过程，并具有知情权。

7. **法制**：通过以适用语言广泛宣传法律，采取基于规则的方法，并适用于所有平等执行和独立裁定的法律，同时与国家和国际法下的现有义务保持一致，并适当考虑到适用区域和国际文书下的自愿承诺。

8. **透明**：清晰定义政策、法律、程序以及所有人都接受的任意决定，并以适用语言广泛宣传。

9. **问责**：要求个人、公共机构和非国家行为者根据法治原则对其行为和决定负责。

10. **持续改进**：改进用于权属治理的监测和分析机制，制定基于证据的计划并保障持续改进。

图书在版编目（CIP）数据

权属权利记录与首次登记系统创建 / 联合国粮食及
农业组织编著；薛琳，丁雪纯译. —北京：中国农业
出版社，2021.10
（FAO 中文出版计划项目丛书）
ISBN 978-7-109-28362-6

Ⅰ.①权… Ⅱ.①联… ②薛… ③丁… Ⅲ.①农业资
源－所有权－研究 Ⅳ.①F303.4

中国版本图书馆 CIP 数据核字（2021）第 111041 号

著作权合作登记号：图字 01－2021－2168 号

权属权利记录与首次登记系统创建
QUANSHU QUANLI JILU YU SHOUCI DENGJI XITONG CHUANGJIAN

中国农业出版社出版
地址：北京市朝阳区麦子店街 18 号楼
邮编：100125
责任编辑：郑　君　　文字编辑：范　琳
版式设计：王　晨　　责任校对：沙凯霖
印刷：北京中兴印刷有限公司
版次：2021 年 10 月第 1 版
印次：2021 年 10 月北京第 1 次印刷
发行：新华书店北京发行所
开本：700mm×1000mm　1/16
印张：6.25
字数：150 千字
定价：46.00 元